W0341478

Johann Wolfgang Goethe

WILLKOMMEN UND ABSCHIED

Johann Wolfgang Goethe

WILLKOMMEN UND ABSCHIED

Gedichte und Märchen,
Sprüche und Balladen

Der Kinderbuchverlag
Berlin

Illustrationen
von Wesselina Tomowa

Über der Erdkugel

Zwischen Oben, zwischen Unten
schweb ich hin zu muntrer Schau,
ich ergötze mich am Bunten,
ich erquicke mich im Blau.

Und wenn mich am Tag die Ferne
luftiger Berge sehnlich zieht,
nachts das Übermaß der Sterne
prächtig mir zu Häupten glüht –

Alle Tag' und alle Nächte
rühm ich so des Menschen Los;
denkt er ewig sich ins Rechte,
ist er ewig schön und groß.

(gekürzt)

Der Vogel im Käfig

Es fing ein Knab ein Meiselein,
hm! Hm!
Da lacht' er in den Käfig 'nein,
hm! Hm!
So! So!
Hm! Hm!

Der freut' sich traun so läppisch,
hm! Hm!
Und griff hinein so täppisch,
hm! Hm!
So! So!
Hm! Hm!

Da flog das Meislein auf ein Haus,
hm! Hm!
Und lacht' den dummen Buben aus,
hm! Hm!
So! So!
Hm! Hm!

(Aus »Götz von Berlichingen«)

Die Frösche

Ein großer Teich war zugefroren,
die Fröschlein, in der Tiefe verloren,
durften nicht ferner quaken noch springen,
versprachen sich aber im halben Traum,
fänden sie nur da oben Raum,
wie Nachtigallen wollten sie singen.
Der Tauwind kam, das Eis zerschmolz,
nun ruderten sie und landeten stolz
und saßen am Ufer weit und breit
und quakten wie vor alter Zeit.

Gleich und gleich

Ein Blumenglöckchen
vom Boden hervor
war früh gesprosset
in lieblichem Flor;
da kam ein Bienchen
und naschte fein: –
Die müssen wohl beide
füreinander sein.

Der neue Paris

Knabenmärchen

Mir träumte neulich, in der Nacht vor Pfingstsonntag, als stünde ich vor einem Spiegel und beschäftigte mich mit den neuen Sommerkleidern, welche mir die lieben Eltern auf das Fest hatten machen lassen. Der Anzug bestand, wie ihr wißt, in Schuhen von sauberem Leder mit großen silbernen Schnallen, feinen baumwollnen Strümpfen, schwarzen Unterkleidern von Sarsche und einem Rock von grünem Berkan mit goldnen Balletten. Die Weste dazu, von Goldstoff, war aus meines Vaters Bräutigamsweste geschnitten. Ich war frisiert und gepudert, die Locken standen mir wie Flügelchen vom Kopfe; aber ich konnte mit dem Anziehen nicht fertig werden, weil ich immer die Kleidungsstücke verwechselte und weil mir immer das erste vom Leibe fiel, wenn ich das zweite umzunehmen gedachte. In dieser großen Verlegenheit trat ein junger schöner Mann zu mir und begrüßte mich aufs freundlichste.

»Ei, seid mir willkommen!« sagte ich. »Es ist mir ja gar lieb, daß ich Euch hier sehe.«

»Kennt Ihr mich denn?« versetzte jener lächelnd.

»Warum nicht?« war meine gleichfalls lächelnde Antwort. »Ihr seid Merkur, und ich habe Euch oft genug abgebildet gesehen.«

»Das bin ich«, sagte jener, »und von den Göttern mit einem wichtigen Auftrag an dich gesandt. Siehst du diese drei Äpfel?«

Er reichte seine Hand her und zeigte mir drei Äpfel, die sie kaum fassen konnte und die ebenso wundersam schön als groß waren, und zwar der eine von roter, der andere von gelber, der dritte von grüner Farbe. Man mußte sie für Edelsteine halten, denen man die Form von Früchten gegeben. Ich wollte darnach greifen; er aber zog zurück und sagte: »Du mußt erst wissen, daß sie nicht für dich sind. Du sollst sie den drei schönsten jungen Leuten von der Stadt geben, welche sodann, jeder nach seinem Lose, Gattinnen finden sollen, wie sie solche nur wünschen können. Nimm und mach deine Sache gut!« sagte er scheidend und gab mir die Äpfel in meine offnen Hände; sie schienen mir noch größer geworden zu sein.

Ich hielt sie darauf in die Höhe, gegen das Licht, und fand sie ganz durchsichtig; aber gar bald zogen sie sich aufwärts in die Länge und wurden zu drei schönen, schönen Frauenzimmerchen in mäßiger Puppengröße, deren Kleider von der Farbe der vorherigen Äpfel waren. So gleiteten sie sacht an meinen Fingern hinauf, und als ich nach ihnen haschen wollte, um wenigstens eine festzuhalten, schwebten sie schon weit in der Höhe und Ferne, daß ich nichts als das Nachsehen hatte.

Ich stand ganz verwundert und versteinert da, hatte die Hände noch in der Höhe und beguckte meine Finger, als wäre daran etwas zu sehen gewesen. Aber mit einmal erblickte ich auf meinen Fingerspitzen ein allerliebstes Mädchen herumtanzen, kleiner als jene, aber gar niedlich und munter; und weil sie nicht wie die andern fortflog, sondern verweilte und bald auf diese, bald auf jene Fingerspitze tanzend hin- und hertrat, so sah ich ihr eine Zeitlang verwundert zu. Da sie mir aber gar so wohl gefiel, glaubte ich sie endlich haschen zu können und dachte geschickt genug zuzugreifen; allein in dem Augenblick fühlte ich einen Schlag an den Kopf, so daß ich ganz betäubt niederfiel und aus dieser Betäubung nicht eher erwachte, als bis es Zeit war, mich anzuziehen und in die Kirche zu gehen.

Unter dem Gottesdienst wiederholte ich mir jene Bilder oft genug; auch am großelterlichen Tische, wo ich zu Mittag speiste. Nachmittags wollte ich einige Freunde besuchen, sowohl um mich in meiner neuen Kleidung, den Hut unter dem Arm und den Degen an der Seite, sehen zu lassen, als auch weil ich ihnen Besuche schuldig war. Ich fand niemanden zu Hause, und da ich hörte, daß sie in die Gärten gegangen, so gedachte ich ihnen zu folgen und den Abend vergnügt zuzubringen.

Mein Weg führte mich den Zwinger hin, und ich kam in die Gegend, welche mit Recht den Namen »Schlimme Mauer« führt: denn es ist dort niemals ganz geheuer. Ich ging nur langsam und dachte an meine drei Göttinnen, besonders aber an die kleine Nymphe, und hielt meine Finger manchmal in die Höhe, in Hoffnung, sie würde so artig sein, wieder darauf zu balancieren. In diesen Gedanken vorwärtsgehend, erblickte ich linker Hand in der Mauer ein Pförtchen, das ich mich nicht erinnerte je gesehen zu haben. Es schien niedrig, aber der Spitzbogen drüber hätte den größten Mann hindurchgelassen. Bogen und Gewände waren aufs zierlichste vom Steinmetz und Bildhauer ausgemeißelt, die Türe selbst aber zog erst recht meine Aufmerksamkeit an sich. Braunes uraltes Holz, nur wenig verziert, war mit breiten, sowohl erhaben als vertieft gearbeiteten Bändern von Erz beschlagen, deren Laubwerk, worin die natürlichsten Vögel saßen, ich nicht genug bewundern konnte.

Doch was mir das merkwürdigste schien: Kein Schlüsselloch war zu sehen, keine Klinke, kein Klopfer, und ich vermutete daraus, daß diese Türe nur von innen aufgemacht werde. Ich hatte mich nicht geirrt; denn als ich ihr näher trat, um die Zieraten zu befühlen, tat sie sich hineinwärts auf, und es erschien ein Mann, dessen Kleidung etwas Langes, Weites und Sonderbares hatte. Auch ein ehrwürdiger Bart umwölkte sein Kinn; daher ich ihn für einen Juden zu halten geneigt war. Er aber, eben als wenn er meine Gedanken erraten hätte, machte das Zeichen des heiligen Kreuzes, wodurch er mir zu erkennen gab, daß er ein guter katholischer Christ sei.

»Junger Herr, wie kommt Ihr hieher, und was macht Ihr da?« sagte er mit freundlicher Stimme und Gebärde.

»Ich bewundre«, versetzte ich, »die Arbeit dieser Pforte: denn ich habe dergleichen noch niemals gesehen; es müßte denn sein auf kleinen Stücken in den Kunstsammlungen der Liebhaber.«

»Es freut mich«, versetzte er darauf, »daß Ihr solche Arbeit liebt. Inwendig ist die Pforte noch viel schöner: Tretet herein, wenn es Euch gefällt.«

Mir war bei der Sache nicht ganz wohl zumute. Die wunderliche Kleidung des Pförtners, die Abgelegenheit und ein sonst ich weiß nicht was, das in der Luft zu liegen schien, beklemmte mich. Ich verweilte daher unter dem Vorwande, die Außenseite noch länger zu betrachten, und blickte dabei verstohlen in den Garten: denn ein Garten war es, der sich vor mir eröffnet hatte. Gleich hinter der Pforte sah ich einen großen beschatteten Platz; alte Linden, regelmäßig voneinander abstehend, bedeckten ihn völlig mit ihren dicht ineinandergreifenden Ästen, so daß die zahlreichsten Gesellschaften in der größten Tageshitze sich darunter hätten erquicken können.

Schon war ich auf die Schwelle getreten, und der Alte wußte mich immer um einen Schritt weiter zu locken. Ich widerstand auch eigentlich nicht: denn ich hatte jederzeit gehört, daß ein Prinz oder Sultan in solchem Falle niemals fragen müsse, ob Gefahr vorhanden sei. Hatte ich doch auch meinen Degen an der Seite; und sollte ich mit dem Alten nicht fertig werden, wenn er sich feindlich erweisen wollte? Ich trat also ganz gesichert hinein; der Pförtner drückte die Türe zu, die so leise einschnappte, daß ich es kaum spürte. Nun zeigte er mir die inwendig angebrachte, wirklich noch viel kunstreichere Arbeit, legte sie mir aus und bewies mir dabei ein besonderes Wohlwollen. Hiedurch nun völlig beruhigt, ließ ich mich in dem belaubten Raume an der Mauer, die sich ins Runde zog, weiterführen und fand manches an ihr zu bewundern. Nischen, mit Muscheln, Korallen und Metallstufen künstlich ausgeziert, gaben aus Tritonenmäulern reichliches Wasser in marmorne Becken; dazwischen waren Vogelhäuser angebracht und andre Vergitterungen, worin Eichhörnchen herumhüpften, Meerschweinchen hin und wider liefen, und was man nur sonst von artigen Geschöpfen wünschen kann.

Die Vögel riefen und sangen uns an, wie wir vorschritten, die Stare besonders schwätzten das närrischste Zeug: Der eine rief immer: »Paris! Paris!« und der andre: »Narziß! Narziß!«, so deutlich, als es ein Schulknabe nur aussprechen kann. Der Alte schien mich immer ernsthaft anzusehen, indem die Vögel dieses riefen; ich tat aber nicht, als wenn ich's merkte, und hatte auch wirklich nicht Zeit, auf ihn achtzugeben: denn ich konnte wohl gewahr werden, daß wir in die Runde gingen und daß dieser beschattete Raum eigentlich ein großer Kreis sei, der einen andern, viel bedeutendern umschließe.

Wir waren auch wirklich wieder bis ans Pförtchen gelangt, und es schien, als wenn der Alte mich hinauslassen wollte; allein meine Augen blieben auf ein goldnes Gitter gerichtet, welches die Mitte dieses wunderbaren Gartens zu umzäunen schien und das ich auf unserm Gange hinlänglich zu beobachten Gelegenheit fand, ob mich der Alte gleich immer an der Mauer und also ziemlich entfernt von der Mitte zu halten wußte. Als er nun eben auf das Pförtchen losging, sagte ich zu ihm, mit einer Verbeugung: »Ihr seid so äußerst gefällig gegen mich gewesen, daß ich wohl noch eine Bitte wagen möchte, ehe ich von Euch scheide. Dürfte ich nicht jenes goldne Gitter näher besehen, das in einem sehr weiten Kreise das Innere des Gartens einzuschließen scheint?«

»Recht gern«, versetzte jener, »aber sodann müßt Ihr Euch einigen Bedingungen unterwerfen.«

»Worin bestehen sie?« fragte ich hastig.

»Ihr müßt euren Hut und Degen hier zurücklassen und dürft mir nicht von der Hand, indem ich Euch begleite.«

»Herzlich gern!« erwiderte ich und legte Hut und Degen auf die erste beste steinerne Bank.

Sogleich ergriff er mit seiner Rechten meine Linke, hielt sie fest und führte mich mit einiger Gewalt gerade vorwärts. Als wir ans Gitter kamen, verwandelte sich meine Verwunderung in Erstaunen: So etwas hatte ich nie gesehen. Auf einem hohen Sockel von Marmor standen unzählige Spieße und Partisanen nebeneinandergereiht, die durch ihre seltsam verzierten oberen Enden zusammenhingen und einen ganzen Kreis bildeten. Ich schaute durch die Zwischenräume und sah gleich dahinter ein sanft fließendes Wasser, auf beiden Seiten mit Marmor eingefaßt, das in seinen klaren Tiefen eine große Anzahl von Gold- und Silberfischen sehen ließ, die sich bald sachte, bald geschwind, bald einzeln, bald zugweise hin und her bewegten.

Nun hätte ich aber auch gern über den Kanal gesehen, um zu erfahren, wie es in dem Herzen des Gartens beschaffen sei; allein da fand ich zu meiner großen Betrübnis, daß an der Gegenseite das Wasser mit einem gleichen Gitter eingefaßt war, und zwar so künstlicher Weise, daß auf einen Zwischenraum diesseits gerade ein Spieß oder eine Partisane jenseits paßte und man also, die übrigen Zieraten mitgerechnet, nicht hindurchsehen konnte, man mochte sich stellen, wie man wollte. Überdies hinderte mich der Alte, der mich noch immer festhielt, daß ich mich nicht frei bewegen konnte. Meine Neugier wuchs indes nach allem, was ich gesehen, immer mehr, und ich nahm mir ein Herz, den Alten zu fragen, ob man nicht auch hinüberkommen könne.

»Warum nicht?« versetzte jener, »aber auf neue Bedingungen.«

Als ich nach diesen fragte, gab er mir zu erkennen, daß ich mich umkleiden müsse. Ich war es sehr zufrieden; er führte mich zurück nach der Mauer in einen kleinen reinlichen Saal, an dessen Wänden mancherlei Kleidungen hingen, die sich sämtlich dem orientalischen Kostüm zu nähern schienen. Ich war geschwind umgekleidet; er streifte meine gepuderten Haare unter ein buntes Netz, nachdem er sie zu meinem Entsetzen gewaltig ausgestäubt hatte. Nun fand ich mich vor einem großen Spiegel in meiner Vermummung gar hübsch und gefiel mir besser als in meinem steifen Sonntagskleide. Ich machte einige Gebärden und Sprünge, wie ich sie von den Tänzern auf dem Meßtheater gesehen hatte.

Unter diesem sah ich in den Spiegel und erblickte zufällig das Bild einer hinter mir befindlichen Nische. Auf ihrem weißen Grunde hingen drei grüne Strickchen, jedes in sich auf eine Weise verschlungen, die mir in der Ferne nicht deutlich werden wollte. Ich kehrte mich daher etwas hastig um und fragte den Alten nach der Nische sowie nach den Strickchen. Er, ganz gefällig, holte eins herunter und zeigte es mir. Es war eine grünseidene Schnur von mäßiger Stärke, deren beide Enden, durch ein zwiefach durchschnittenes grünes Leder geschlungen, ihr das Ansehen gaben, als sei es ein Werkzeug zu einem eben nicht sehr erwünschten Gebrauch.

Die Sache schien mir bedenklich, und ich fragte den Alten nach der Bedeutung. Er antwortete mir ganz gelassen und gütig, es sei dieses für diejenigen, welche das Vertrauen mißbrauchten, das man ihnen hier zu schenken bereit sei. Er hing die Schnur wieder an ihre Stelle und verlangte sogleich, daß ich ihm folgen solle; denn diesmal faßte er mich nicht an, und so ging ich frei neben ihm her.

Meine größte Neugier war nunmehr, wo die Türe, wo die Brücke sein möchte, um durch das Gitter, um über den Kanal zu kommen: denn ich hatte dergleichen bis jetzt noch nicht ausfindig machen können. Ich betrachtete daher die goldene Umzäunung sehr genau, als wir darauf zueilten; allein augenblicklich verging mir das Gesicht; denn unerwartet begannen Spieße, Speere, Hellebarden, Partisanen sich zu rütteln und zu schütteln, und diese seltsame Bewegung endigte damit, daß die sämtlichen Spitzen sich gegeneinander senkten, eben als wenn zwei altertümliche, mit Piken bewaffnete Heerhaufen gegeneinander losgehen wollten. Die Verwirrung fürs Auge, das Geklirr für die Ohren war kaum zu ertragen, aber unendlich überraschend der Anblick, als sie, völlig niedergelassen, den Kreis des Kanals bedeckten und die herrlichste Brücke bildeten, die man sich denken kann: denn nun lag das bunteste Gartenparterre vor meinem Blick.

Es war in verschlungene Beete geteilt, welche, zusammen betrachtet, ein Labyrinth von Zieraten bildeten; alle mit grünen Einfassungen von einer niedrigen, wollig wachsenden Pflanze, die ich nie gesehen; alle mit Blumen, jede Abteilung von verschiedener Farbe, die, ebenfalls niedrig und am Boden, den vorgezeichneten Grundriß leicht verfolgen ließen. Dieser köstliche Anblick, den ich in vollem Sonnenschein genoß, fesselte ganz meine Augen; aber ich wußte fast nicht, wo ich den Fuß hinsetzen sollte: denn die schlängelnden Wege waren aufs reinlichste von blauem Sande überzogen, der einen dunklern Himmel, oder einen Himmel im Wasser, an der Erde zu bilden schien. Und so ging ich, die Augen auf den Boden gerichtet, eine Zeitlang neben meinem Führer, bis ich zuletzt gewahr ward, daß in der Mitte von diesem Beeten- und Blumenrund ein großer Kreis von Zypressen oder pappelartigen Bäumen stand, durch den man nicht hindurchsehen konnte, weil die untersten Zweige aus der Erde hervorzutreiben schienen.

Mein Führer, ohne mich gerade auf den nächsten Weg zu drängen, leitete mich doch unmittelbar nach jener Mitte, und wie war ich überrascht, als ich, in den Kreis der hohen Bäume tretend, die Säulenhalle eines köstlichen Gartengebäudes vor mir sah, das nach den übrigen Seiten hin ähnliche Ansichten und Eingänge zu haben schien. Noch mehr aber als dieses Muster der Baukunst entzückte mich eine himmlische Musik, die aus dem Gebäude hervordrang. Bald glaubte ich eine Laute, bald eine Harfe, bald eine Zither zu hören, und bald noch etwas Klimperndes, das keinem von diesen drei Instrumenten gemäß war.

Die Pforte, auf die wir zugingen, eröffnete sich bald nach einer leisen Berührung des Alten; aber wie erstaunt war ich, als die heraustretende Pförtnerin ganz vollkommen dem niedlichen Mädchen glich, das mir im Traume auf den Fingern getanzt hatte. Sie grüßte mich auch auf eine Weise, als wenn wir schon bekannt wären, und bat mich hereinzutreten. Der Alte blieb zurück, und ich ging mit ihr durch einen gewölbten und schön verzierten kurzen Gang nach dem Mittelsaal, dessen herrliche domartige Höhe beim Eintritt meinen Blick auf sich zog und mich in Verwunderung setzte.

Doch konnte mein Auge nicht lange dort verweilen, denn es ward durch ein reizenderes Schauspiel herabgelockt. Auf einem Teppich, gerade unter der Mitte der Kuppel, saßen drei Frauenzimmer im Dreieck, in drei verschiedene Farben gekleidet, die eine rot, die andre gelb, die dritte grün; die Sessel waren vergoldet und der

Teppich ein vollkommenes Blumenbeet. In ihren Armen lagen die drei Instrumente, die ich draußen hatte unterscheiden können: denn durch meine Ankunft gestört, hatten sie mit Spielen innegehalten.

»Seid uns willkommen!« sagte die mittlere, die nämlich, welche mit dem Gesicht nach der Türe saß, im roten Kleide und mit der Harfe. »Setzt Euch zu Alerten und hört zu, wenn Ihr Liebhaber von der Musik seid.«

Nun sah ich erst, daß unten quer vor ein ziemlich langes Bänkchen stand, worauf eine Mandoline lag. Das artige Mädchen nahm sie auf, setzte sich und zog mich an ihre Seite. Jetzt betrachtete ich auch die zweite Dame zu meiner Rechten; sie hatte das gelbe Kleid an und eine Zither in der Hand; und wenn jene Harfenspielerin ansehnlich von Gestalt, groß von Gesichtszügen und in ihrem Betragen majestätisch war, so konnte man der Zitherspielerin ein leicht anmutiges, heitres Wesen anmerken. Sie war eine schlanke Blondine, da jene dunkelbraunes Haar schmückte.

Die Mannigfaltigkeit und Übereinstimmung ihrer Musik konnte mich nicht abhalten, nun auch die dritte Schönheit im grünen Gewande zu betrachten, deren Lautenspiel etwas Rührendes und zugleich Auffallendes für mich hatte. Sie war diejenige, die am meisten auf mich achtzugeben und ihr Spiel an mich zu richten schien; nur konnte ich aus ihr nicht klug werden: denn sie kam mir bald zärtlich, bald wunderlich, bald offen, bald eigensinnig vor, je nachdem sie die Mienen und ihr Spiel veränderte. Bald schien sie mich rühren, bald mich nekken zu wollen.

Doch mochte sie sich stellen, wie sie wollte, so gewann sie mir wenig ab: denn meine kleine Nachbarin, mit der ich Ellbogen an Ellbogen saß, hatte mich ganz für sich eingenommen; und wenn ich in jenen drei Damen ganz deutlich die Sylphiden meines Traums und die Farben der Äpfel erblickte, so begriff ich wohl, daß ich keine Ursache hätte, sie festzuhalten. Die artige Kleine hätte ich lieber angepackt, wenn mir nur nicht der Schlag, den sie mir im Traume versetzt hatte, gar zu erinnerlich gewesen wäre. Sie hielt sich bisher mit ihrer Mandoline ganz ruhig; als aber ihre Gebieterinnen aufgehört hatten, so befahlen sie ihr, einige lustige Stückchen zum besten zu geben.

Kaum hatte sie einige Tanzmelodien gar aufregend abgeklimpert, so sprang sie in die Höhe; ich tat das gleiche. Sie spielte und tanzte; ich ward hingerissen, ihre Schritte zu begleiten, und wir führten eine Art von kleinem Ballett auf, womit die Damen zufrieden zu sein schienen: denn sobald wir geendigt, befahlen sie der Kleinen, mich derweil mit etwas Gutem zu erquicken, bis das Nachtessen herankäme. Ich hatte freilich vergessen, daß außer diesem Paradiese noch etwas anderes in der Welt wäre.

Alerte führte mich sogleich in den Gang zurück, durch den ich hereingekommen war. An der Seite hatte sie zwei wohleingerichtete Zimmer; in dem einen, wo sie wohnte, setzte sie mir Orangen, Feigen, Pfirsiche und Trauben vor, und ich genoß sowohl die Früchte fremder Länder als auch die der erst kommenden Monate mit großem Appetit. Zuckerwerk war im Überfluß; auch füllte sie einen Pokal von geschliffenem Kristall mit schäumendem Wein; doch zu trinken bedurfte ich nicht, denn ich hatte mich an den Früchten hinreichend gelabt.

»Nun wollen wir spielen«, sagte sie und führte mich in das andere Zimmer. Hier sah es nun aus wie auf einem Christmarkt; aber so kostbare und feine Sachen hat man niemals in einer Weihnachtsbude gesehen. Da waren alle Arten von Puppen, Puppenkleidern und Puppengerätschaften; Küchen, Wohnstuben und Läden; und einzelne Spielsachen in Unzahl. Sie führte mich an allen

Glasschränken herum: denn in solchen waren diese künstlichen Arbeiten aufbewahrt. Die ersten Schränke verschloß sie aber bald wieder und sagte: »Das ist nichts für Euch, ich weiß es wohl. Hier aber«, sagte sie, »könnten wir Baumaterialien finden, Mauern und Türme, Häuser, Paläste, Kirchen, um eine große Stadt zusammenzustellen. Das unterhält mich aber nicht; wir wollen zu etwas anderem greifen, das für Euch und mich gleich vergnüglich ist.«

Sie brachte darauf einige Kästen hervor, in denen ich kleines Kriegsvolk übereinandergeschichtet erblickte, von dem ich sogleich bekennen mußte, daß ich niemals so etwas Schönes gesehen hätte. Sie ließ mir die Zeit nicht, das einzelne näher zu betrachten, sondern nahm den einen Kasten unter den Arm, und ich packte den andern auf.

»Wir wollen auf die goldne Brücke gehen«, sagte sie, »dort spielt sich's am besten mit Soldaten. Die Spieße geben gleich die Richtung, wie man die Armeen gegeneinander zu stellen hat.«

Nun waren wir auf dem goldnen schwankenden Boden angelangt; unter mir hörte ich das Wasser rieseln und die Fische plätschern, indem ich niederkniete, meine Linien aufzustellen. Es war alles Reiterei, wie ich nunmehr sah. Sie rühmte sich, die Königin der Amazonen zum Führer ihres weiblichen Heeres zu besitzen; ich dagegen fand den Achill und eine sehr stattliche griechische Reiterei. Die Heere standen gegeneinander, und man konnte nichts Schöneres sehen. Es waren nicht etwa flache bleierne Reiter, wie die unsrigen, sondern Mann und Pferd rund und körperlich auf das feinste gearbeitet; auch konnte man kaum begreifen, wie sie sich im Gleichgewicht hielten; denn sie standen für sich, ohne ein Fußbrettchen zu haben.

Wir hatten nun jedes mit großer Selbstzufriedenheit

unsere Heerhaufen beschaut, als sie mir den Angriff verkündigte. Wir hatten auch Geschütz in unsern Kästen gefunden; es waren nämlich Schachteln voll kleiner wohlpolierter Achatkugeln. Mit diesen sollten wir aus einer gewissen Entfernung gegeneinander kämpfen, wobei jedoch ausdrücklich bedungen war, daß nicht stärker geworfen werde, als nötig sei, die Figuren umzustürzen; denn beschädigt sollte keine werden.

Wechselseitig ging nun die Kanonade los, und im Anfang wirkte sie zu unser beider Zufriedenheit. Allein als meine Gegnerin bemerkte, daß ich doch besser zielte als sie und zuletzt den Sieg, der von der Überzahl der Stehngebliebenen abhing, gewinnen möchte, trat sie näher, und ihr mädchenhaftes Werfen hatte denn auch den erwünschten Erfolg. Sie streckte mir eine Menge meiner besten Truppen nieder, und je mehr ich protestierte, desto eifriger warf sie. Dies verdroß mich zuletzt, und ich erklärte, daß ich ein Gleiches tun würde. Ich trat auch wirklich nicht allein näher heran, sondern warf im Unmut viel heftiger, da es denn nicht lange währte, als ein paar ihrer kleinen Zentaurinnen in Stücke sprangen.

In ihrem Eifer bemerkte sie es nicht gleich; aber ich stand versteinert, als die zerbrochnen Figürchen sich von selbst wieder zusammenfügten, Amazone und Pferd wieder ein Ganzes, auch zugleich völlig lebendig wurden, im Galopp von der goldnen Brücke unter die Linden setzten und, in Karriere hin und wider rennend, sich endlich gegen die Mauer, ich weiß nicht wie, verloren.

Meine schöne Gegnerin war das kaum gewahr geworden, als sie in ein lautes Weinen und Jammern ausbrach und rief, daß ich ihr einen unersetzlichen Verlust zugefügt, der weit größer sei, als es sich aussprechen lasse. Ich aber, der ich schon erbost war, freute mich, ihr etwas zuleide zu tun, und warf noch ein paar mir übriggebliebene Achatkugeln blindlings mit Gewalt unter ihren Heerhaufen. Unglücklicherweise traf ich die Königin, die bisher bei unserm regelmäßigen Spiel ausgenommen gewesen. Sie sprang in Stücken, und ihre nächsten Adjutanten wurden auch zerschmettert; aber schnell stellten sie sich wieder her und nahmen Reißaus wie die ersten, galoppierten sehr lustig unter den Linden herum und verloren sich gegen die Mauer.

Meine Gegnerin schalt und schimpfte; ich aber, nun einmal im Gange, bückte mich, einige Achatkugeln aufzuheben, welche an den goldnen Spießen herumrollten. Mein ergrimmter Wunsch war, ihr ganzes Heer zu vernichten. Sie dagegen, nicht faul, sprang auf mich los und gab mir eine Ohrfeige, daß mir der Kopf summte. Ich, der ich immer gehört hatte, auf die Ohrfeige eines Mädchens gehöre ein derber Kuß, faßte sie bei den Ohren und küßte sie zu wiederholten Malen.

Sie aber tat einen solchen durchdringenden Schrei, der mich selbst erschreckte; ich ließ sie fahren, und das war mein Glück: denn in dem Augenblick wußte ich nicht, wie mir geschah. Der Boden unter mir fing an zu beben und zu rasseln; ich merkte geschwind, daß sich die Gitter wieder in Bewegung setzten. Allein ich hatte nicht Zeit zu überlegen, noch konnte ich Fuß fassen, um zu fliehen. Ich fürchtete, jeden Augenblick gespießt zu werden; denn die Partisanen und Lanzen, die sich aufrichteten, zerschlitzten mir schon die Kleider. Genug, ich weiß nicht, wie mir geschah, mir verging Hören und Sehen, und ich erholte mich aus meiner Betäubung, von meinem Schrecken am Fuß einer Linde, wider den mich das aufschnellende Gitter geworfen hatte.

Mit dem Erwachen erwachte auch meine Bosheit, die sich noch heftig vermehrte, als ich von drüben die Spottworte und das Gelächter meiner Gegnerin vernahm, die an der andern Seite, etwas gelinder als ich, mochte zur

Erde gekommen sein. Daher sprang ich auf, und als ich rings um mich das kleine Heer nebst seinem Anführer Achill, welche das auffahrende Gitter mit mir herübergeschnellt hatte, zerstreut sah, ergriff ich den Helden zuerst und warf ihn wider einen Baum.

Seine Wiederherstellung und seine Flucht gefielen mir nun doppelt, weil sich die Schadenfreude zu dem artigsten Anblick von der Welt gesellte, und ich war im Begriff, die sämtlichen Griechen ihm nachzuschicken, als auf einmal zischende Wasser von allen Seiten her, aus Steinen und Mauern, aus Boden und Zweigen hervorsprühten und, wo ich mich hinwendete, kreuzweise auf mich lospeitschten. Mein leichtes Gewand war in kurzer Zeit völlig durchnäßt; zerschlitzt war es schon, und ich säumte nicht, es mir ganz vom Leib zu reißen. Die Pantoffeln warf ich von mir, und so eine Hülle nach der andern; ja ich fand es endlich bei dem warmen Tage sehr angenehm, ein solches Strahlbad über mich ergehen zu lassen. Ganz nackt schritt ich nun gravitätisch zwischen diesen willkommnen Gewässern einher und dachte mich lange so wohl befinden zu können. Mein Zorn verkühlte sich, und ich wünschte nichts mehr als eine Versöhnung mit meiner kleinen Gegnerin. Doch in einem Nu schnappten die Wasser ab, und ich stand nun feucht auf einem durchnäßten Boden.

Die Gegenwart des alten Mannes, der unvermutet vor mich trat, war mir keineswegs willkommen; ich hätte gewünscht, mich, wo nicht verbergen, doch wenigstens verhüllen zu können. Die Beschämung, der Frostschauer, das Bestreben, mich einigermaßen zu bedecken, ließen mich eine höchst erbärmliche Figur spielen; der Alte benutzte den Augenblick, um mir die größesten Vorwürfe zu machen. »Was hindert mich«, rief er aus, »daß ich nicht eine der grünen Schnuren ergreife und sie, wo nicht Eurem Hals, doch Eurem Rücken anmesse!«

Diese Drohung nahm ich höchst übel.

»Hütet Euch«, rief ich aus, »vor solchen Worten, ja nur vor solchen Gedanken: denn sonst seid Ihr und Eure Gebieterinnen verloren!«

»Wer bist denn du«, fragte er trotzig, »daß du so reden darfst?«

»Ein Liebling der Götter«, sagte ich, »von dem es abhängt, ob jene Frauenzimmer würdige Gatten finden und ein glückliches Leben führen sollen oder ob er sie will in ihrem Zauberkloster verschmachten und veralten lassen.«

Der Alte trat einige Schritte zurück. »Wer hat dir das offenbart?« fragte er erstaunt und bedenklich.

»Drei Äpfel«, sagte ich, »drei Juwelen.«

»Und was verlangst du zum Lohn?« rief er aus.

»Vor allen Dingen das kleine Geschöpf«, versetzte ich, »die mich in diesen verwünschten Zustand gebracht hat.«

Der Alte warf sich vor mir nieder, ohne sich vor der noch feuchten und schlammigen Erde zu scheuen; dann stand er auf, ohne benetzt zu sein, nahm mich freundlich bei der Hand, führte mich in jenen Saal, kleidete mich behend wieder an, und bald war ich wieder sonntägig geputzt und frisiert wie vorher. Der Pförtner sprach kein Wort weiter; aber ehe er mich über die Schwelle ließ, hielt er mich an und deutete mir auf einige Gegenstände an der Mauer drüben über den Weg, indem er zugleich rückwärts auf das Pförtchen zeigte.

Ich verstand ihn wohl: Er wollte nämlich, daß ich mir die Gegenstände einprägen möchte, um das Pförtchen desto gewisser wiederzufinden, welches sich unversehens hinter mir zuschloß. Ich merkte mir nun wohl, was mir gegenüberstand. Über eine hohe Mauer ragten die

Äste uralter Nußbäume herüber und bedeckten zum Teil das Gesims, womit sie endigte. Die Zweige reichten bis an eine steinerne Tafel, deren verzierte Einfassung ich wohl erkennen, deren Inschrift ich aber nicht lesen konnte. Sie ruhte auf dem Kragstein einer Nische, in welcher ein künstlich gearbeiteter Brunnen, von Schale zu Schale, Wasser in ein großes Becken goß, das wie einen kleinen Teich bildete und sich in die Erde verlor. Brunnen, Inschrift, Nußbäume, alles stand senkrecht übereinander: Ich wollte es malen, wie ich es gesehen habe.

Nun läßt sich wohl denken, wie ich diesen Abend und manchen folgenden Tag zubrachte und wie oft ich mir diese Geschichten, die ich kaum selbst glauben konnte, wiederholte. Sobald mir's nur irgend möglich war, ging ich wieder zur »Schlimmen Mauer«, um wenigstens jene Merkzeichen im Gedächtnis anzufrischen und das köstliche Pförtchen zu beschauen. Allein zu meinem größten Erstaunen fand ich alles verändert. Nußbäume ragten wohl über die Mauer, aber sie standen nicht unmittelbar nebeneinander. Eine Tafel war auch eingemauert, aber von den Bäumen weit rechts, ohne Verzierung und mit einer leserlichen Inschrift. Eine Nische mit einem Brunnen findet sich weit links, der aber jenem, den ich gesehen, durchaus nicht zu vergleichen ist; so daß ich beinahe glauben muß, das zweite Abenteuer sei so gut als das erste ein Traum gewesen: denn von dem Pförtchen findet sich überhaupt gar keine Spur.

Das einzige, was mich tröstet, ist die Bemerkung, daß jene drei Gegenstände stets den Ort zu verändern scheinen: denn bei wiederholtem Besuch jener Gegend glaube ich bemerkt zu haben, daß die Nußbäume etwas zusammenrücken und daß Tafel und Brunnen sich ebenfalls zu nähern scheinen. Wahrscheinlich, wenn alles wieder zusammentrifft, wird auch die Pforte von neuem sichtbar sein, und ich werde mein mögliches tun, das Abenteuer wieder anzuknüpfen. Ob ich euch erzählen kann, was weiter begegnet, oder ob es mir ausdrücklich verboten wird, weiß ich nicht zu sagen.

(Aus »Dichtung und Wahrheit«)

Alter Feuersegen

Es ging ein Knäblein wohl über das Land,
ein gülden Buch trug es in seiner Hand.
Es konnte lesen, es konnte schreiben,
alle schwere Gewitter konnt es vertreiben.
Es sahe wohl einen Haushalt abbrinnen!
Ach, wieviel arme Leute wohnen drinnen! –
Ach ich bitt dich, du allerhöchste Feuersglut,
daß du nicht weitern Schaden tust,
daß du stille stehest
und auch nicht weiter gehest. –
Er ging wohl um das Haus –
das Feuer war aus.

Jahrmarkt

Zu der Apfelverkäuferin
kamen Kinder gelaufen,
alle wollten kaufen:
Mit munterm Sinn
griffen sie aus dem Haufen,
beschauten mit Verlangen
nah und näher rotbäckige Wangen –
sie hörten den Preis
und warfen sie wieder hin,
als wären sie glühend heiß.

Was der für Käufer haben sollte,
der Ware gratis geben wollte!

Kessel und Topf

Zum Kessel sprach der neue Topf:
»Was hast du einen schwarzen Bauch!«
»Das ist bei uns nun Küchgebrauch;
herbei, herbei du glatter Tropf,
bald wird dein Stolz sich mindern.
Behält der Henkel ein klar Gesicht,
darob erhebe du dich nicht,
besieh nur deinen Hintern.«

Schneidercourage

»Es ist ein Schuß gefallen!
Mein! sagt, wer schoß da drauß?«
Es ist der junge Jäger,
der schießt im Hinterhaus.

Die Spatzen in dem Garten,
die machen viel Verdruß.
Zwei Spatzen und ein Schneider,
die fielen von dem Schuß:

Die Spatzen von den Schroten,
der Schneider von dem Schreck;
die Spatzen in die Schoten,
der Schneider in den –.

Vater und Sohn

Karl: Guten Morgen, Vater!

Götz (küßt ihn): Guten Morgen, Junge!

Wie habt ihr die Zeit gelebt?

Karl: Recht geschickt, Vater! Die Tante sagt, ich sei recht geschickt.

Götz: So!

Karl: Hast du mir was mitgebracht?

Götz: Diesmal nicht.

Karl: Ich hab viel gelernt.

Götz: Ei!

Karl: Soll ich dir vom frommen Kind erzählen?

Götz: Nach Tische.

Karl: Ich weiß noch was.

Götz: Was wird das sein?

Karl: Jaxthausen ist ein Dorf und Schloß an der Jaxt, gehört seit zweihundert Jahren den Herren von Berlichingen erb- und eigentümlich zu.

Götz: Kennst du den Herrn von Berlichingen? *(Karl sieht ihn starr an.)*

Götz (vor sich): Er kennt wohl vor lauter Gelehrsamkeit seinen Vater nicht? – Wem gehört Jaxthausen?

Karl: Jaxthausen ist ein Dorf und Schloß an der Jaxt.

Götz: Das frag' ich nicht. – Ich kannte alle Pfade, Weg und Furten, ehe ich wußte, wie Fluß, Dorf und Burg hieß.

(Aus »Götz von Berlichingen«)

Katechisation

Lehrer: Bedenk, o Kind! woher sind diese Gaben? Du kannst nichts von dir selber haben.

Kind: Ei! Alles hab ich vom Papa.

Lehrer: Und der, woher hats der?

Kind: Vom Großpapa!

Lehrer: Nicht! Woher hats denn der Großpapa bekommen?

Kind: Der hats genommen!

Zuhause

Am 28. August 1749, mittags mit dem Glockenschlage zwölf, kam ich in Frankfurt am Main auf die Welt ... Die guten Aspekten, welche mir die Astrologen in der Folgezeit sehr hoch anzurechnen wußten, mögen wohl Ursache an meiner Erhaltung gewesen sein: denn durch Ungeschicklichkeit der Hebamme kam ich für tot auf die Welt, und nur durch vielfache Bemühungen brachte man es dahin, daß ich das Licht erblickte. Dieser Umstand, welche die Meinigen in große Not versetzt hatte, gereichte jedoch meinen Mitbürgern zum Vorteil, indem mein Großvater, der Schultheiß Johann Wolfgang Textor, daher Anlaß nahm, daß ein Geburtshelfer angestellt und der Hebammenunterricht eingeführt oder erneuert wurde; welches denn manchem der Nachgebornen mag zugute gekommen sein.

Wenn man sich erinnern will, was uns in der frühsten Zeit der Jugend begegnet ist, so kommt man oft in den Fall, dasjenige, was wir von andern gehört, mit dem zu verwechseln, was wir wirklich aus eigner anschauender Erfahrung besitzen.

Ohne also hierüber eine genaue Untersuchung anzustellen, welche ohnehin zu nichts führen kann, bin ich mir bewußt, daß wir in einem alten Hause wohnten, welches eigentlich aus zwei durchgebrochenen Häusern bestand. Eine turmartige Treppe führte zu unzusammenhangenden Zimmern, und die Ungleichheit der Stockwerke war durch Stufen ausgeglichen. Für uns Kinder, eine jüngere Schwester und mich, war die untere weitläufige Hausflur der liebste Raum, welcher neben der Türe ein großes hölzernes Gitterwerk hatte, wodurch man unmittelbar mit der Straße und der freien Luft in Verbindung kam.

Einen solchen Vogelbauer, mit dem viele Häuser versehen waren, nannte man ein Geräms. Die Frauen saßen darin, um zu nähen und zu stricken; die Köchin las ihren Salat; die Nachbarinnen besprachen sich von daher miteinander, und die Straßen gewannen dadurch in der guten Jahreszeit ein südliches Ansehen. Man fühlte sich frei, indem man mit dem Öffentlichen vertraut war. So kamen auch durch diese Gerämse die Kinder mit den Nachbarn in Verbindung, und mich gewannen drei gegenüber wohnende Brüder von Ochsenstein, hinterlassene Söhne des verstorbenen Schultheißen, gar lieb und beschäftigten und neckten sich mit mir auf mancherlei Weise.

Die Meinigen erzählten gern allerlei Eulenspiegeleien, zu denen mich jene sonst ernsten und einsamen Männer angereizt. Ich führe nur einen von diesen Streichen an:

Es war eben Topfmarkt gewesen, und man hatte nicht allein die Küche für die nächste Zeit mit solchen Waren versorgt, sondern auch uns Kindern dergleichen Geschirr im kleinen zu spielender Beschäftigung eingekauft. An einem schönen Nachmittag, da alles ruhig im Hause war, trieb ich im Geräms mit meinen Schüsseln und Töpfen mein Wesen, und da weiter nichts dabei herauskommen wollte, warf ich ein Geschirr auf die Straße und freute mich, daß es so lustig zerbrach.

Die von Ochsenstein, welche sahen, wie ich mich daran ergötzte, daß ich sogar fröhlich in die Händchen patschte, riefen: »Noch mehr!«

Ich säumte nicht, sogleich einen Topf und, auf immer fortwährendes Rufen: »Noch mehr!« nach und nach sämtliche Schüsselchen, Tiegelchen, Kännchen gegen das Pflaster zu schleudern. Meine Nachbarn fuhren fort, ihren Beifall zu bezeigen, und ich war höchlich froh, ihnen Vergnügen zu machen.

Mein Vorrat aber war aufgezehrt, und sie riefen: »Noch mehr!« Ich eilte daher stracks in die Küche und holte die irdenen Teller, welche nun freilich im Zerbrechen noch ein lustigeres Schauspiel gaben; und so lief ich hin und wider, brachte einen Teller nach dem andern, wie ich sie auf dem Topfbrett der Reihe nach erreichen konnte, und weil sich jene gar nicht zufriedengaben, so stürzte ich alles, was ich von Geschirr erschleppen konnte, in gleiches Verderben. Nur später erschien jemand, zu hindern und zu wehren. Das Unglück war geschehen, und man hatte für soviel zerbrochne Töpferware wenigstens eine lustige Geschichte, an der sich besonders die schalkischen Urheber bis an ihr Lebensende ergötzten.

[. . .]

Die alte, winkelhafte, an vielen Stellen düstere Beschaffenheit des Hauses war übrigens geeignet, Schauer und Furcht in kindlichen Gemütern zu erwecken. Unglücklicherweise hatte man noch die Erziehungsmaxime, den Kindern frühzeitig alle Furcht vor dem Ahnungsvollen und Unsichtbaren zu benehmen und sie an das Schauderhafte zu gewöhnen. Wir Kinder sollten daher allein schlafen, und wenn uns dieses unmöglich fiel und wir uns sacht aus den Betten hervormachten und die Gesellschaft der Bedienten und Mägde suchten, so stellte sich, in umgewandtem Schlafrock und also für uns verkleidet genug, der Vater in den Weg und schreckte uns in unsere Ruhestätte zurück. Die daraus entspringende üble Wirkung denkt sich jedermann. Wie soll derjenige die Furcht loswerden, den man zwischen ein doppelt Furchtbares einklemmt? Meine Mutter, stets heiter und froh und andern das gleiche gönnend, erfand eine bessere pädagogische Auskunft. Sie wußte ihren Zweck durch Belohnungen zu erreichen. Es war die Zeit der Pfirschen, deren reichlichen Genuß sie uns jeden Morgen versprach, wenn wir nachts die Furcht überwunden hätten. Es gelang, und beide Teile waren zufrieden.

[...]

Gewöhnlich hielten wir uns in allen unsern Freistunden zur Großmutter, in deren geräumigem Wohnzimmer wir hinlänglich Platz zu unsern Spielen fanden. Sie wußte uns mit allerlei Kleinigkeiten zu beschäftigen und mit allerlei guten Bissen zu erquicken. An einem Weihnachtsabende jedoch setzte sie allen ihren Wohltaten die Krone auf, indem sie uns ein Puppenspiel vorstellen ließ und so in dem alten Hause eine neue Welt erschuf. Dieses unerwartete Schauspiel zog die jungen Gemüter mit Gewalt an sich; besonders auf den Knaben machte es einen sehr starken Eindruck, der in eine große, langdauernde Wirkung nachklang.

Die kleine Bühne mit ihrem stummen Personal, die man uns anfangs nur vorgezeigt hatte, nachher aber zu eigner Übung und dramatischer Belebung übergab, mußte uns Kindern um so viel werter sein, als es das letzte Vermächtnis unserer guten Großmutter war, die bald darauf durch zunehmende Krankheit unsern Augen erst entzogen und dann für immer durch den Tod entrissen wurde.

[...]

Hatte man in einer solchen patriotischen Beschränkung kaum ein halbes Jahr hingebracht, so traten schon die Messen wieder ein, welche in den sämtlichen Kinderköpfen jederzeit eine unglaubliche Gärung hervorbrachten. Eine durch Erbauung so vieler Buden innerhalb der Stadt in weniger Zeit entspringende neue Stadt, das Wo-

gen und Treiben, das Abladen und Auspacken der Waren erregte von den ersten Momenten des Bewußtseins an eine unbezwinglich tätige Neugierde und ein unbegrenztes Verlangen nach kindischem Besitz, das der Knabe mit wachsenden Jahren, bald auf diese, bald auf jene Weise, wie es die Kräfte seines kleinen Beutels erlauben wollten, zu befriedigen suchte. Zugleich aber bildete sich die Vorstellung von dem, was die Welt alles hervorbringt, was sie bedarf und was die Bewohner ihrer verschiedenen Teile gegeneinander auswechseln.

Diese großen, im Frühjahr und Herbst eintretenden Epochen wurden durch seltsame Feierlichkeiten angekündigt, welche um desto würdiger schienen, als sie die alte Zeit und was von dorther noch auf uns gekommen, lebhaft vergegenwärtigten. Am Geleitstag war das ganze Volk auf den Beinen, drängte sich nach der Fahrgasse, nach der Brücke, bis über Sachsenhausen hinaus; alle Fenster waren besetzt, ohne daß den Tag über was Besonderes vorging; die Menge schien nur dazusein, um sich zu drängen, und die Zuschauer, um sich untereinander zu betrachten; denn das, worauf es eigentlich ankam, ereignete sich erst mit sinkender Nacht und wurde mehr geglaubt als mit Augen gesehen.

[. . .]

Den Tag vor Mariä Geburt ward ein öffentlicher Gerichtstag angekündigt. In dem großen Kaisersaale, in einem umschränkten Raume, saßen erhöht die Schöffen und eine Stufe höher der Schultheiß in ihrer Mitte; die von den Parteien bevollmächtigten Prokuratoren unten zur rechten Seite. Der Aktuarius fängt an, die auf diesen Tag gesparten wichtigen Urteile laut vorzulesen; die Prokuratoren bitten um Abschrift, appellieren, oder was sie sonst zu tun nötig finden.

Auf einmal meldet eine wunderliche Musik gleichsam

die Ankunft voriger Jahrhunderte. Es sind drei Pfeifer, deren einer eine alte Schalmei, der andere einen Baß, der dritte einen Pommer oder Hoboe bläst. Sie tragen blaue, mit Gold verbrämte Mäntel, auf den Ärmeln die Noten befestigt, und haben das Haupt bedeckt. So waren sie aus ihrem Gasthause, die Gesandten und ihre Begleitung hinterdrein, Punkt zehn ausgezogen, von Einheimischen und Fremden angestaunt, und so treten sie in den Saal. Die Gerichtsverhandlungen halten inne, Pfeifer und Begleitung bleiben vor den Schranken, der Abgesandte tritt hinein und stellt sich dem Schultheißen gegenüber.

Die symbolischen Gaben, welche auf das genaueste nach dem alten Herkommen gefordert wurden, bestanden gewöhnlich in solchen Waren, womit die darbringende Stadt vorzüglich zu handeln pflegte. Der Pfeffer galt gleichsam für alle Waren, und so brachte auch hier der Abgesandte einen schön gedrechselten hölzernen Pokal, mit Pfeffer angefüllt. Über demselben lagen ein Paar Handschuhe, wundersam geschlitzt, mit Seide besteppt und bequastet, als Zeichen einer gestatteten und angenommenen Vergünstigung, dessen sich auch wohl der Kaiser selbst in gewissen Fällen bediente. Daneben sah man ein weißes Stäbchen, welches vormals bei gesetzlichen und gerichtlichen Handlungen nicht leicht fehlen durfte. Es waren noch einige kleine Silbermünzen hinzugefügt, und die Stadt Worms brachte einen alten Filzhut, den sie immer wieder einlöste, so daß derselbe viele Jahre ein Zeuge dieser Zeremonien gewesen.

Nachdem der Gesandte seine Anrede gehalten, das Geschenk abgegeben, von dem Schultheißen die Versicherung fortdauernder Begünstigung empfangen, so entfernte er sich aus dem geschlossenen Kreise, die Pfeifer bliesen, der Zug ging ab, wie er gekommen war, das Gericht verfolgte seine Geschäfte, bis der zweite und endlich der dritte Gesandte eingeführt wurden: denn sie kamen erst einige Zeit nacheinander, teils damit das Vergnügen des Publikums länger daure, teils auch weil es immer dieselben altertümlichen Virtuosen waren, welche Nürnberg für sich und seine Mitstädte zu unterhalten und jedes Jahr an Ort und Stelle zu bringen übernommen hatte.

Wir Kinder waren bei diesem Feste besonders interessiert, weil es uns nicht wenig schmeichelte, unsern Großvater an einer so ehrenvollen Stelle zu sehen, und weil wir gewöhnlich noch selbigen Tag ihn ganz bescheiden zu besuchen pflegten, um, wenn die Großmutter den Pfeffer in ihre Gewürzladen geschüttet hätte, einen Becher und Stäbchen, ein Paar Handschuh oder einen alten Räder-Albus zu erhaschen.

[. . .]

Solchen altehrwürdigen Feierlichkeiten folgte in guter Jahrszeit manches für uns Kinder lustreichere Fest außerhalb der Stadt unter freiem Himmel. An dem rechten Ufer des Mains unterwärts, etwa eine halbe Stunde vom Tor, quillt ein Schwefelbrunnen, sauber eingefaßt und mit uralten Linden umgeben. Nicht weit davon steht der »Hof zu den guten Leuten«, ehmals ein um dieser Quelle willen erbautes Hospital. Auf den Gemeinweiden umher versammelte man zu einem gewissen Tage des Jahres die Rindviehherden aus der Nachbarschaft, und die Hirten samt ihren Mädchen feierten ein ländliches Fest, mit Tanz und Gesang, mit mancherlei Lust und Ungezogenheit.

Auf der andern Seite der Stadt lag ein ähnlicher, nur größerer Gemeindeplatz, gleichfalls durch einen Brunnen und durch noch schönere Linden geziert. Dorthin trieb man zu Pfingsten die Schafherden, und zu gleicher Zeit ließ man die armen, verbleichten Waisenkinder aus ihren Mauern ins Freie: denn man sollte erst später auf den Gedanken geraten, daß man solche verlassene Kreaturen, die sich einst durch die Welt durchzuhelfen genötigt sind, früh mit der Welt in Verbindung bringen, anstatt sie auf eine traurige Weise zu hegen, sie lieber gleich zum Dienen und Dulden gewöhnen müsse und alle Ursach habe, sie von Kindesbeinen an sowohl physisch als moralisch zu kräftigen.

Die Ammen und Mägde, welche sich selbst immer gern einen Spaziergang bereiten, verfehlten nicht, von den frühsten Zeiten, uns an dergleichen Orte zu tragen und zu führen, so daß diese ländlichen Feste wohl mit zu den ersten Eindrücken gehören, deren ich mich erinnern kann.

[. . .]

Der Lehrer war eine Stunde nicht gekommen; solange wir Kinder alle beisammen waren, unterhielten wir uns recht artig; als aber die mir Wohlwollenden, nachdem sie lange genug gewartet, hinweggingen und ich mit drei Mißwollenden allein blieb, so dachten diese mich zu quälen, zu beschämen und zu vertreiben. Sie hatten mich einen Augenblick im Zimmer verlassen und kamen mit Ruten zurück, die sie sich aus einem geschwind zerschnittenen Besen verschafft hatten. Ich merkte ihre Absicht, und weil ich das Ende der Stunde nahe glaubte, so setzte ich aus dem Stegreif bei mir fest, mich bis zum Glockenschlage nicht zu wehren. Sie fingen darauf unbarmherzig an, mir die Beine und Waden auf das grausamste zu peitschen. Ich rührte mich nicht, fühlte aber bald, daß ich mich verrechnet hatte und daß ein solcher Schmerz die Minuten sehr verlängert. Mit der Duldung wuchs meine Wut, und mit dem ersten Stundenschlag fuhr ich dem einen, der sich's am wenigsten versah, mit der Hand in die Nackenhaare und stürzte ihn augenblicklich zu Boden, indem ich mit dem Knie seinen Rükken drückte; den andern, einen jüngeren und schwächeren, der mich von hinten anfiel, zog ich bei dem Kopfe durch den Arm und erdrosselte ihn fast, indem ich ihn an mich preßte. Nun war der letzte noch übrig und nicht der schwächste, und mir blieb nur die linke Hand zu meiner Verteidigung. Allein ich ergriff ihn beim Kleide, und durch die geschickte Wendung von meiner Seite, durch eine übereilte von seiner brachte ich ihn nieder und stieß ihn mit dem Gesicht gegen den Boden. Sie ließen es nicht an Beißen, Kratzen und Treten fehlen; aber ich hatte nur meine Rache im Sinn und in den Gliedern. In dem Vorteil, in dem ich mich befand, stieß ich sie wiederholt mit den Köpfen zusammen. Sie erhuben zuletzt ein entsetzliches Zetergeschrei, und wir sahen uns bald von allen Hausgenossen umgeben. Die umhergestreuten Ruten und meine Beine, die ich von den Strümpfen entblößte, zeugten bald für mich. Man behielt sich die Strafe vor und ließ mich aus dem Hause; ich erklärte aber, daß ich künftig bei der geringsten Beleidigung einem oder dem andern die Augen auskratzen, die Ohren abreißen, wo nicht gar ihn erdrosseln würde.

[. . .]

Unter andern Vorzügen mißgönnten mir die Übelwollenden auch, daß ich mir in einem Verhältnis gefiel, welches aus dem Schultheißenamt meines Großvaters für die Familie entsprang: denn indem er als der erste unter seinesgleichen dastand, hatte dies doch auch auf die Seinigen nicht geringen Einfluß. Und als ich mir einmal nach gehaltenem Pfeifergerichte etwas darauf einzubilden schien, meinen Großvater in der Mitte des Schöffenrats, eine Stufe höher als die andern, unter dem Bilde des Kaisers gleichsam thronend gesehen zu haben, so sagte einer der Knaben höhnisch: ich sollte doch wie der

Pfau auf seine Füße, so auf meinen Großvater väterlicher Seite hinsehen, welcher Gastgeber vom Weidenhof gewesen und wohl an den Thronen und Kronen keinen Anspruch gemacht hätte. Ich erwiderte darauf, daß ich davon keineswegs beschämt sei, weil gerade darin das Herrliche und Erhebende unserer Vaterstadt bestehe, daß alle Bürger sich einander gleich halten dürften und daß einem jeden seine Tätigkeit nach seiner Art förderlich und ehrenvoll sein könne.

[. . .]

Nun aber scheint es nötig, umständlicher anzuzeigen und begreiflich zu machen, wie ich mir in solchen Fällen in der französischen Sprache, die ich doch nicht gelernt hatte, mit mehr oder weniger Bequemlichkeit durchgeholfen. Auch hier kam mir die angeborne Gabe zustatten, daß ich leicht den Schall und Klang einer Sprache, ihre Bewegung, ihren Akzent, den Ton und was sonst von äußern Eigentümlichkeiten fassen konnte. Aus dem Lateinischen waren mir viele Worte bekannt; das Italienische vermittelte noch mehr, und so horchte ich in kurzer Zeit von Bedienten und Soldaten, Schildwachen und Besuchern so viel heraus, daß ich mich, wo nicht ins Gespräch mischen, doch wenigstens einzelne Fragen und Antworten bestehen konnte. Aber dieses war alles nur wenig gegen den Vorteil, den mir das Theater brachte. Von meinem Großvater hatte ich ein Freibillet erhalten, dessen ich mich mit Widerwillen meines Vaters, unter dem Beistand meiner Mutter, täglich bediente. Hier saß ich nun im Parterre vor einer fremden Bühne und paßte um so mehr auf Bewegung, mimischen und Redeausdruck, als ich wenig oder nichts von dem verstand, was da oben gesprochen wurde, und also meine Unterhaltung nur vom Gebärdenspiel und Sprachton nehmen konnte. [. . .]

Denn da ich nicht immer die ganzen Stücke anzuhören Geduld hatte und manche Zeit in den Korridors, auch wohl bei gelinderer Jahreszeit vor der Tür, mit andern Kindern meines Alters allerlei Spiele trieb, so gesellte sich ein schöner munterer Knabe zu uns, der zum Theater gehörte und den ich in manchen kleinen Rollen, obwohl nur beiläufig, gesehen hatte. Mit mir konnte er sich am besten verständigen, indem ich mein Französisch bei ihm gelten zu machen wußte; und er knüpfte sich um so mehr an mich, als kein Knabe seines Alters und seiner Nation beim Theater oder sonst in der Nähe war. Wir gingen auch außer der Theaterzeit zusammen, und selbst während der Vorstellung ließ er mich selten in Ruhe. Er war ein allerliebster kleiner Aufschneider, schwatzte scharmant und unaufhörlich und wußte so viel von seinen Abenteuern, Händeln und andern Sonderbarkeiten zu erzählen, daß er mich außerordentlich unterhielt und ich von ihm, was Sprache und Mitteilung durch dieselbe betrifft, in vier Wochen mehr lernte, als man sich hätte vorstellen können, so daß niemand wußte, wie ich auf einmal, gleichsam durch Inspiration, zu der fremden Sprache gelangt war.

[. . .]

Alle diese theatralische Mannigfaltigkeit konnte jedoch uns Kinder nicht immer im Schauspielhaus festhalten. Wir spielten bei schönem Wetter vor demselben und in der Nähe und begingen allerlei Torheiten, welche besonders an Sonn- und Festtagen keineswegs zu unserm Äußern paßten: denn ich und meinesgleichen erschienen alsdann, angezogen, wie man mich in jenem Märchen gesehen, den Hut unterm Arm, mit einem kleinen Degen, dessen Bügel mit einer großen seidenen Bandschleife geziert war . . . Der Zweikampf erfolgte auf eine etwas theatralische Weile, die Klingen klirrten, und die Stöße gingen nebenaus; doch im Feuer der Aktion blieb er mit der Spitze seines Degens an der Bandschleife meines Bügels hängen. Sie ward durchbohrt, und er versicherte mir, daß er nun die vollkommenste Satisfaktion habe, umarmte mich sodann, gleichfalls recht theatralisch, und wir gingen in das nächste Kaffeehaus, um uns mit einem Glase Mandelmilch von unserer Gemütsbewegung zu erholen und den alten Freundschaftsbund nur desto fester zu schließen.

[. . .]

So wurde ich denn als ein junger Bewohner einer großen Stadt von einem Gegenstand zum andern hin- und widergeworfen, und es fehlte mitten in der bürgerlichen Ruhe und Sicherheit nicht an gräßlichen Auftritten. Bald weckte ein näherer oder entfernter Brand uns aus unserm häuslichen Frieden, bald setzte ein entdecktes großes Verbrechen, dessen Untersuchung und Bestrafung die Stadt auf viele Wochen in Unruhe. Wir mußten Zeugen von verschiedenen Exekutionen sein, und es ist wohl wert zu gedenken, daß ich auch bei Verbrennung eines Buches gegenwärtig gewesen bin. Es war der Verlag eines französischen komischen Romans, der zwar den Staat, aber nicht Religion und Sitten schonte. Es hatte wirklich etwas Fürchterliches, eine Strafe an einem leblosen Wesen ausgeübt zu sehen. Die Ballen platzten im Feuer und wurden durch Ofengabeln auseinandergeschürt und mit den Flammen mehr in Berührung gebracht. Es dauerte nicht lange, so flogen die angebrannten Blätter in der Luft herum, und die Menge haschte begierig danach. Auch ruhten wir nicht, bis wir ein Exemplar auftrieben, und es waren nicht wenige, die sich das verbotne Vergnügen gleichfalls zu verschaffen wußten. Ja, wenn es dem Autor um Publizität zu tun war, so hätte er selbst nicht besser dafür sorgen können. [. . .]

Ich gelangte dadurch fast in alle Werkstätten, und da es mir angeboren war, mich in die Zustände anderer zu finden, eine jede besondere Art des menschlichen Daseins zu fühlen und mit Gefallen daran teilzunehmen, so brachte ich manche vergnügliche Stunde durch Anlaß solcher Aufträge zu, lernte eines jeden Verfahrungsart kennen, und was die unerläßlichen Bedingungen dieser und jener Lebensweise für Freude, für Leid, Beschwerliches und Günstiges mit sich führen. Ich näherte mich dadurch dieser tätigen, das Untere und Obere verbindenden Klasse. Denn wenn an der einen Seite diejenigen stehen, die sich mit einfachen und rohen Erzeugnissen beschäftigen, an der andern solche, die schon etwas Verarbeitetes genießen wollen, so vermittelt der Gewerker durch Sinn und Hand, daß jene beide etwas voneinander empfangen, und jeder nach seiner Art seiner Wünsche teilhaft werden kann. Das Familienwesen eines jeden Handwerks, das Gestalt und Farbe von der Beschäftigung erhielt, war gleichfalls der Gegenstand meiner stillen Aufmerksamkeit, und so entwickelte, so bestärkte sich in mir das Gefühl der Gleichheit, wo nicht aller Menschen, doch aller menschlichen Zustände, indem mir das nackte Dasein als die Hauptbedingung, das übrige alles aber als gleichgültig und zufällig erschien.

[. . .]

Da ich hier wieder der Malerei gedenke, so tritt in meiner Erinnerung eine große Anstalt hervor, in der ich viele Zeit zubrachte, weil sie und deren Vorsteher mich besonders an sich zog. Es war die große Wachstuchfabrik, welche der Maler Nothnagel errichtet hatte: ein geschickter Künstler, der aber sowohl durch sein Talent als durch seine Denkweise mehr zum Fabrikwesen als zur Kunst hinneigte. In einem sehr großen Raume von Höfen und Gärten wurden alle Arten von Wachstuch gefertigt, von dem rohsten an, das mit der Spatel aufgetragen wird und das man zu Rüstwagen und ähnlichem Gebrauch benutzte, durch die Tapeten hindurch, welche mit Formen abgedruckt wurden, bis zu den feinern und feinsten, auf welchen bald chinesische und phantastische, bald natürliche Blumen abgebildet, bald Figuren, bald Landschaften durch den Pinsel geschickter Arbeiter dargestellt wurden. Diese Mannigfaltigkeit, die ins Unendliche ging, ergötzte mich sehr. Die Beschäftigung so vieler Menschen von der gemeinsten Arbeit bis zu solchen, denen man einen gewissen Kunstwert kaum versagen konnte, war für mich höchst anziehend. Ich machte Bekanntschaft mit dieser Menge in vielen Zimmern hintereinander arbeitenden jüngern und ältern Männern und legte auch wohl selbst mitunter Hand an. Der Vertrieb dieser Ware ging außerordentlich stark. Wer damals baute oder ein Gebäude möbilierte, wollte für seine Lebenszeit versorgt sein, und diese Wachstuchtapeten waren allerdings unverwüstlich. Nothnagel selbst hatte genug mit der Leitung des Ganzen zu tun und saß in seinem Comptoir, umgeben von Faktoren und Handlungsdienern.

[...]

Wir unterhielten uns leise; aber endlich übermannte auch sie der Schlaf, sie lehnte ihr Köpfchen an meine Schulter und war gleich eingeschlummert. So saß ich nun, allein wachend, in der wunderlichsten Lage, in der auch mich der freundliche Bruder des Todes zu beruhigen wußte. Ich schlief ein, und als ich wieder erwachte, war es schon heller Tag. Gretchen stand vor dem Spiegel und rückte ihr Häubchen zurechte; sie war liebenswürdiger als je und drückte mir, als ich schied, ganz herzlich die Hände. Ich schlich durch einen Umweg nach unserm Haus: denn an der Seite, nach dem kleinen Hirschgraben zu, hatte sich mein Vater in der Mauer ein kleines Guckfenster, nicht ohne Widerspruch des Nachbarn, angelegt. Diese Seite vermieden wir, wenn wir nach Hause kommend von ihm nicht bemerkt sein wollten. Meine Mutter, deren Vermittelung uns immer zugute kam, hatte meine Abwesenheit des Morgens beim Tee durch ein frühzeitiges Ausgehen meiner zu beschönigen gesucht, und ich empfand also von dieser unschuldigen Nacht keine unangenehmen Folgen.

[. . .]

Jedermann wußte nun, daß Kaiser und König aus dem Kabinett, wohin sie vom Balkon abgetreten, sich wieder hervorbegeben und in dem großen Römersaale speisen würden. Man hatte die Anstalten dazu tags vorher bewundern können, und mein sehnlichster Wunsch war, heute womöglich nur einen Blick hinein zu tun. Ich begab mich daher auf gewohnten Pfaden wieder an die große Treppe, welcher die Tür des Saals gerade gegenüber steht. Hier staunte ich nun die vornehmen Personen an, welche sich heute als Diener des Reichsoberhauptes bekannten. Vierundvierzig Grafen, die Speisen aus der Küche herantragend, zogen an mir vorbei, alle prächtig gekleidet, so daß der Kontrast ihres Anstandes mit der Handlung für einen Knaben wohl sinnverwirrend sein konnte. Das Gedränge war nicht groß, doch wegen des kleinen Raums merklich genug. Die Saaltür war bewacht, indes gingen die Befugten häufig aus und ein.

Ich erblickte einen pfälzischen Hausoffizianten, den ich anredete, ob er mich nicht hineinbringen könne. Er besann sich nicht lange, gab mir eins der silbernen Gefäße, die er eben trug, welches er um so eher konnte, als ich sauber gekleidet war; und so gelangte ich denn in das Heiligtum. Das pfälzische Büfett stand links, unmittelbar an der Tür, und mit einigen Schritten befand ich mich auf der Erhöhung desselben hinter den Schranken.

Am andern Ende des Saals, unmittelbar an den Fenstern, saßen auf Thronstufen erhöht, unter Baldachinen, Kaiser und König in ihren Ornaten; Krone und Zepter aber lagen auf goldnen Kissen rückwärts in einiger Entfernung. Die drei geistlichen Kurfürsten hatten, ihre Büfette hinter sich, auf einzelnen Estraden Platz genommen: Kur-Mainz den Majestäten gegenüber, Kur-Trier zur Rechten und Kur-Köln zur Linken. Dieser obere Teil des Saals war würdig und erfreulich anzusehen und erregte die Bemerkung, daß die Geistlichkeit sich so lange als möglich mit dem Herrscher halten mag. Dagegen ließen die zwar prächtig aufgeputzten, aber herrenlosen Büfette und Tische der sämtlichen weltlichen Kurfürsten an das Mißverhältnis denken, welches zwischen ihnen und dem Reichsoberhaupt durch Jahrhunderte allmählich entstanden war.

[. . .]

Hier gingen wir nun zu vieren aneinandergeschlossen höchst behaglich auf und ab, und ich an Gretchens Seite deuchte mir wirklich in jenen glücklichen Gefilden Elysiums zu wandeln, wo man die kristallnen Gefäße vom Baume bricht, die sich mit dem gewünschten Wein sogleich füllen, und wo man Früchte schüttelt, die sich in jede beliebige Speise verwandeln. Ein solches Bedürfnis fühlten wir denn zuletzt auch und, geleitet von Pylades, fanden wir ein ganz artig eingerichtetes Speisehaus; und da wir keine Gäste weiter antrafen, indem alles auf den Straßen umherzog, ließen wir es uns um so wohler sein und verbrachten den größten Teil der Nacht im Gefühl von Freundschaft, Liebe und Neigung auf das heiterste und glücklichste. Als ich Gretchen bis an ihre Türe begleitet hatte, küßte sie mich auf die Stirn. Es war das erste und letzte Mal, daß sie mir diese Gunst erwies: denn leider sollte ich sie nicht wiedersehen.

[. . .]

Michael, die Zeit, da ich die Akademie besuchen sollte, rückte heran, und mein Inneres ward ebensosehr vom Leben als von der Lehre bewegt. Eine Abneigung gegen meine Vaterstadt war immer deutlicher. Durch Gretchens Entfernung war der Knaben- und Jünglingspflanze das Herz ausgebrochen; sie brauchte Zeit, um an den Seiten wieder auszuschlagen und den ersten Schaden durch neues Wachstum zu überwinden. Meine Wanderungen durch die Straßen hatten aufgehört, und ich ging nur, wie andere, die notwendigen Wege. Nach Gretchens Viertel kam ich nie wieder, nicht einmal in die Gegend; und wie mir meine alten Mauern und Türme nach und nach verleideten, so mißfiel mir auch die Verfassung der Stadt: alles, was mir sonst so ehrwürdig vorkam, erschien mir in verschobenen Bildern. Als Enkel des Schultheißen waren mir die heimlichen Gebrechen einer solchen Republik nicht unbekannt geblieben, um so weniger, als Kinder ein ganz eignes Erstaunen fühlen und zu emsigen Untersuchungen angereizt werden, sobald ihnen etwas, das sie bisher unbedingt verehrt, einigermaßen verdächtig wird. Der vergebliche Verdruß rechtschaffener Männer im Widerstreit mit solchen, die von Parteien zu gewinnen, wohl gar zu bestechen sind, war mir nur zu deutlich geworden, ich haßte jede Ungerechtigkeit über die Maßen: denn die Kinder sind alle moralische Rigoristen.

[. . .]

Michael kam endlich, sehnlich erwartet, heran, da ich denn mit dem Buchhändler Fleischer und dessen Gattin, einer geborenen Triller, welche ihren Vater in Wittenberg besuchen wollte, mit Vergnügen abfuhr und die werte Stadt, die mich geboren und erzogen, gleichgültig hinter mir ließ, als wenn ich sie nie wieder betreten wollte.

So lösen sich in gewissen Epochen Kinder von Eltern, Diener von Herren, Begünstigte von Gönnern los, und ein solcher Versuch, sich auf seine Füße zu stellen, sich unabhängig zu machen, für sein eigen Selbst zu leben, er gelinge oder nicht, ist immer dem Willen der Natur gemäß.

(Aus »Dichtung und Wahrheit«)

Der Rattenfänger

Ich bin der wohlbekannte Sänger,
der vielgereiste Rattenfänger,
den diese altberühmte Stadt
gewiß besonders nötig hat.
Und wären's Ratten noch so viele,
und wären Wiesel mit im Spiele;
von allen säubr' ich diesen Ort,
sie müssen miteinander fort.

Dann ist der gutgelaunte Sänger
mitunter auch ein Kinderfänger,
der selbst die wildesten bezwingt,
wenn er die goldnen Märchen singt.
Und wären Knaben noch so trutzig,
und wären Mädchen noch so stutzig,
in meine Saiten greif ich ein,
sie müssen alle hinterdrein.

Dann ist der vielgewandte Sänger
gelegentlich ein Mädchenfänger;
in keinem Städtchen langt er an,
wo er's nicht mancher angetan.
Und wären Mädchen noch so blöde,
und wären Weiber noch so spröde:
Doch allen wird so liebebang
bei Zaubersaiten und Gesang.

Flohlied

Es war einmal ein König,
der hatt einen großen Floh,
den liebt' er gar nicht wenig,
als wie seinen eignen Sohn.
Da rief er seinen Schneider,
der Schneider kam heran:
»Da, miß dem Junker Kleider
und miß ihm Hosen an!«

In Sammet und in Seide
war er nun angetan,
hatte Bänder auf dem Kleide,
hatt auch ein Kreuz daran
und war sogleich Minister
und hatt einen großen Stern.
Da wurden seine Geschwister
bei Hof auch große Herrn.

Und Herrn und Fraun am Hofe,
die waren sehr geplagt,
die Königin und die Zofe
gestochen und genagt,
und durften sie nicht knicken
und weg sie jucken nicht.
Wir knicken und ersticken
doch gleich, wenn einer sticht.

(Aus »Faust. Erster Teil«)

Hexeneinmaleins

Du mußt verstehn!
Aus Eins mach Zehn,
und Zwei laß gehn,
und Drei mach gleich,
so bist du reich.
Verlier die Vier!
Aus Fünf und Sechs –
so sagt die Hex –
mach Sieben und Acht,
so ist's vollbracht:
Und Neun ist Eins,
und Zehn ist keins.
Das ist das Hexeneinmaleins.

(Aus »Faust. Erster Teil«)

Der Zauberlehrling

Hat der alte Hexenmeister
sich doch einmal wegbegeben!
Und nun sollen seine Geister
auch nach meinem Willen leben.
Seine Wort' und Werke
merkt ich und den Brauch,
und mit Geistesstärke
tu ich Wunder auch.

Walle! walle
manche Strecke,
daß, zum Zwecke,
Wasser fließe
und mit reichem, vollem Schwalle
zu dem Bade sich ergieße.

Und nun komm, du alter Besen!
Nimm die schlechten Lumpenhüllen;
bist schon lange Knecht gewesen;
nun erfülle meinen Willen!
Auf zwei Beinen stehe,
oben sei ein Kopf,
eile nun und gehe
mit dem Wassertopf!

Walle! walle
manche Strecke,
daß, zum Zwecke,
Wasser fließe
und mit reichem, vollem Schwalle
zu dem Bade sich ergieße.

Seht, er läuft zum Ufer nieder;
wahrlich! ist schon an dem Flusse,
und mit Blitzesschnelle wieder
ist er hier mit raschem Gusse.
Schon zum zweiten Male!
Wie das Becken schwillt!
Wie sich jede Schale
voll mit Wasser füllt!

Stehe! stehe!
denn wir haben
deiner Gaben
vollgemessen! –
Ach, ich merk es! Wehe! wehe!
Hab ich doch das Wort vergessen!

Ach, das Wort, worauf am Ende
er das wird, was er gewesen.
Ach, er läuft und bringt behende!
Wärst du doch der alte Besen!
Immer neue Güsse
bringt er schnell herein,
ach! und hundert Flüsse
stürzen auf mich ein.

Nein, nicht länger
kann ich's lassen;
will ihn fassen.
Das ist Tücke!
Ach! nun wird mir immer bänger!
Welche Miene! welche Blicke!

O du Ausgeburt der Hölle!
Soll das ganze Haus ersaufen?
Seh ich über jede Schwelle
doch schon Wasserströme laufen.

Ein verruchter Besen,
der nicht hören will!
Stock, der du gewesen,
steh doch wieder still!

Willst's am Ende
gar nicht lassen?
Will dich fassen,
will dich halten
und das alte Holz behende
mit dem scharfen Beile spalten.

Seht, da kommt er schleppend wieder!
Wie ich mich nur auf dich werfe,
gleich, o Kobold, liegst du nieder;
krachend trifft die glatte Schärfe.
Wahrlich! brav getroffen!
Seht, er ist entzwei!
Und nun kann ich hoffen,
und ich atme frei!

Wehe, wehe!
beide Teile
stehn in Eile
schon als Knechte
völlig fertig in die Höhe!
Helft mir, ach! ihr hohen Mächte!

Und sie laufen! Naß und nässer
wird's im Saal und auf den Stufen.
Welch entsetzliches Gewässer!
Herr und Meister! hör mich rufen! –
Ach, da kommt der Meister!
Herr, die Not ist groß!
Die ich rief, die Geister,
werd ich nun nicht los.

»In die Ecke,
Besen! Besen!
Seid's gewesen.
Denn als Geister
ruft euch nur, zu seinem Zwecke,
erst hervor der alte Meister.«

Erlkönig

Wer reitet so spät durch Nacht und Wind?
Es ist der Vater mit seinem Kind;
er hat den Knaben wohl in dem Arm,
er faßt ihn sicher, er hält ihn warm.

»Mein Sohn, was birgst du so bang dein Gesicht?«
»Siehst, Vater, du den Erlkönig nicht?
Den Erlenkönig mit Kron und Schweif?«
»Mein Sohn, es ist ein Nebelstreif.«

»Du liebes Kind, komm, geh mit mir!
Gar schöne Spiele spiel ich mit dir;
manch bunte Blumen sind an dem Strand;
meine Mutter hat manch gülden Gewand.«

»Mein Vater, mein Vater, und hörest du nicht,
was Erlenkönig mir leise verspricht?«
»Sei ruhig, bleibe ruhig, mein Kind;
in dürren Blättern säuselt der Wind.«

»Willst, feiner Knabe, du mit mir gehn?
Meine Töchter sollen dich warten schön;
meine Töchter führen den nächtlichen Reihn
und wiegen und tanzen und singen dich ein.«

»Mein Vater, mein Vater, und siehst du nicht dort
Erlkönigs Töchter am düstern Ort?«
»Mein Sohn, mein Sohn, ich seh es genau:
Es scheinen die alten Weiden so grau.«

»Ich liebe dich, mich reizt deine schöne Gestalt;
und bist du nicht willig, so brauch ich Gewalt.«
»Mein Vater, mein Vater, jetzt faßt er mich an!
Erlkönig hat mir ein Leids getan!«

Dem Vater grauset's, er reitet geschwind,
er hält in Armen das ächzende Kind,
erreicht den Hof mit Mühe und Not;
in seinen Armen das Kind war tot.

Der Fischer

Das Wasser rauscht', das Wasser schwoll,
ein Fischer saß daran,
sah nach dem Angel ruhevoll,
kühl bis ans Herz hinan.
Und wie er sitzt und wie er lauscht,
teilt sich die Flut empor;
aus dem bewegten Wasser rauscht
ein feuchtes Weib hervor.

Sie sang zu ihm, sie sprach zu ihm:
»Was lockst du meine Brut
mit Menschenwitz und Menschenlist
hinauf in Todesglut?
Ach wüßtest du, wie's Fischlein ist
so wohlig auf dem Grund,
du stiegst herunter, wie du bist,
und würdest erst gesund.

Labt sich die liebe Sonne nicht,
der Mond sich nicht im Meer?
Kehrt wellenatmend ihr Gesicht
nicht doppelt schöner her?
Lockt dich der tiefe Himmel nicht,
das feuchtverklärte Blau?
Lockt dich dein eigen Angesicht
nicht her in ew'gen Tau?«

Das Wasser rauscht', das Wasser schwoll,
netzt' ihm den nackten Fuß;
sein Herz wuchs ihm so sehnsuchtsvoll

wie bei der Liebsten Gruß.
Sie sprach zu ihm, sie sang zu ihm;
da war's um ihn geschehn:
Halb zog sie ihn, halb sank er hin,
und ward nicht mehr gesehn.

Der Schatzgräber

Arm am Beutel, krank am Herzen,
schleppt ich meine langen Tage.
Armut ist die größte Plage,
Reichtum ist das höchste Gut!
Und, zu enden meine Schmerzen,
ging ich, einen Schatz zu graben.
»Meine Seele sollst du haben!«
schrieb ich hin mit eignem Blut.

Und so zog ich Kreis' um Kreise,
stellte wunderbare Flammen,
Kraut und Knochenwerk zusammen:
Die Beschwörung war vollbracht.
Und auf die gelernte Weise
grub ich nach dem alten Schatze
auf dem angezeigten Platze;
schwarz und stürmisch war die Nacht.

Und ich sah ein Licht von weiten,
und es kam gleich einem Sterne
hinten aus der fernsten Ferne,
eben als es zwölfe schlug.
Und da galt kein Vorbereiten:
Heller ward's mit einem Male
von dem Glanz der vollen Schale,
die ein schöner Knabe trug.

Holde Augen sah ich blinken
unter dichtem Blumenkranze;
in des Trankes Himmelsglanze

trat er in den Kreis herein.
Und er hieß mich freundlich trinken;
und ich dacht: Es kann der Knabe
mit der schönen, lichten Gabe
wahrlich nicht der Böse sein.

»Trinke Mut des reinen Lebens!
Dann verstehst du die Belehrung,
kommst, mit ängstlicher Beschwörung,
nicht zurück an diesen Ort.
Grabe hier nicht mehr vergebens.
Tages Arbeit, abends Gäste!
Saure Wochen, frohe Feste!
sei dein künftig Zauberwort.«

Der getreue Eckart

»O wären wir weiter, o wär ich zu Haus!
Sie kommen, da kommt schon der nächtliche Graus;
Sie sind's, die unholdigen Schwestern.
Sie streifen heran, und sie finden uns hier,
sie trinken das mühsam geholte, das Bier,
und lassen nur leer uns die Krüge.«

So sprechen die Kinder und drücken sich schnell;
da zeigt sich vor ihnen ein alter Gesell:
»Nur stille, Kind! Kinderlein, stille!
Die Hulden, sie kommen von durstiger Jagd,
und laßt ihr sie trinken, wie's jeder behagt,
dann sind sie euch hold, die Unholden.«

Gesagt so geschehn! und da naht sich der Graus
und siehet so grau und so schattenhaft aus,
doch schlürft es und schlampft es aufs beste.
Das Bier ist verschwunden, die Krüge sind leer;
nun saust es und braust es, das wütige Heer,
ins weite Getal und Gebirge.

Die Kinderlein ängstlich gen Hause so schnell,
gesellt sich zu ihnen der fromme Gesell:
»Ihr Püppchen, nur seid mir nicht traurig.«
»Wir kriegen nun Schelten und Streich' bis aufs Blut.«
»Nein, keineswegs, alles geht herrlich und gut,
nur schweiget und horchet wie Mäuslein.

Und der es euch anrät und der es befiehlt,
er ist es, der gern mit den Kinderlein spielt,

der alte Getreue, der Eckart.
Vom Wundermann hat man euch immer erzählt,
nur hat die Bestätigung jedem gefehlt,
die habt ihr nun köstlich in Händen.«

Sie kommen nach Hause, sie setzen den Krug
ein jedes den Eltern bescheiden genug
und harren der Schläg und der Schelten.
Doch siehe, man kostet: ein herrliches Bier!
Man trinkt in die Runde schon dreimal und vier,
und noch nimmt der Krug nicht ein Ende.

Das Wunder, es dauert zum morgenden Tag.
Doch fraget, wer immer zu fragen vermag:
»Wie ist's mit den Krügen ergangen?«
Die Mäuslein, sie lächeln, im stillen ergetzt;
sie stammeln und stottern und schwatzen zuletzt,
und gleich sind vertrocknet die Krüge.

Und wenn euch, ihr Kinder, mit treuem Gesicht
ein Vater, ein Lehrer, ein Aldermann spricht,
so horchet und folget ihm pünktlich!
Und liegt auch das Zünglein in peinlicher Hut,
verplaudern ist schädlich, verschweigen ist gut;
dann füllt sich das Bier in den Krügen.

Legende

Als noch, verkannt und sehr gering,
unser Herr auf der Erde ging
und viele Jünger sich zu ihm fanden,
die sehr selten sein Wort verstanden,
liebt' er sich gar über die Maßen,
seinen Hof zu halten auf der Straßen,
weil unter des Himmels Angesicht
man immer besser und freier spricht.
Er ließ sie da die höchsten Lehren
aus seinem heiligen Munde hören;
besonders durch Gleichnis und Exempel
macht' er einen jeden Markt zum Tempel.

So schlendert' er in Geistes Ruh
mit ihnen einst einem Städtchen zu,
sah etwas blinken auf der Straß,
das ein zerbrochen Hufeisen was.
Er sagte zu Sankt Peter drauf:
»Heb doch einmal das Eisen auf!«
Sankt Peter war nicht aufgeräumt,
er hatte soeben im Gehen geträumt,
so was vom Regiment der Welt,
was einem jeden wohlgefällt:
denn im Kopf hat das keine Schranken;
das waren so seine liebsten Gedanken.
Nun war der Fund ihm viel zu klein,
hätte müssen Kron und Zepter sein;
aber wie sollt er seinen Rücken
nach einem halben Hufeisen bücken?
Er also sich zur Seite kehrt
und tut, als hätt er's nicht gehört.

Der Herr, nach seiner Langmut, drauf
hebt selber das Hufeisen auf
und tut auch weiter nicht dergleichen.
Als sie nun bald die Stadt erreichen,
geht er vor eines Schmiedes Tür,
nimmt von dem Mann drei Pfennig dafür.
Und als sie über den Markt nun gehen,
sieht er daselbst schöne Kirschen stehen,
kauft ihrer so wenig oder so viel,
als man für einen Dreier geben will,
die er sodann nach seiner Art
ruhig im Ärmel aufbewahrt.

Nun ging's zum andern Tor hinaus,
durch Wies' und Felder ohne Haus,
auch war der Weg von Bäumen bloß;
die Sonne schien, die Hitz war groß,
so daß man viel an solcher Stätt
für einen Trunk Wasser gegeben hätt.
Der Herr geht immer voraus vor allen,
läßt unversehens eine Kirsche fallen.
Sankt Peter war gleich dahinter her,
als wenn es ein goldner Apfel wär;
das Beerlein schmeckte seinem Gaum.
Der Herr, nach einem kleinen Raum,
ein ander Kirschlein zur Erde schickt,
wonach Sankt Peter schnell sich bückt.
So läßt der Herr ihn seinen Rücken
gar vielmal nach den Kirschen bücken.
Das dauert eine ganze Zeit.
Dann sprach der Herr mit Heiterkeit:
»Tätst du zur rechten Zeit dich regen,
hättst du's bequemer haben mögen.
Wer geringe Ding wenig acht't,
sich um geringere Mühe macht.«

Der neue Amadis

Als ich noch ein Knabe war,
sperrte man mich ein;
und so saß ich manches Jahr
über mir allein,
wie im Mutterleib.

Doch du warst mein Zeitvertreib,
goldne Phantasie,
und ich ward ein warmer Held,
wie der Prinz Pipi,
und durchzog die Welt.

Baute manch kristallen Schloß
und zerstört es auch,
warf mein blinkendes Geschoß
Drachen durch den Bauch,
ja, ich war ein Mann!

Ritterlich befreit ich dann
die Prinzessin Fisch;
sie war gar zu obligeant,
führte mich zu Tisch,
und ich war galant.

Und ihr Kuß war Götterbrot,
glühend wie der Wein.
Ach! ich liebte fast mich tot!
Rings mit Sonnenschein
war sie emailliert.

Ach! wer hat sie mir entführt?
Hielt kein Zauberband
sie zurück vom schnellen Fliehn?
Sagt, wo ist ihr Land?
wo der Weg dahin?

Die neue Melusine

Als ein lebhafter Bursche hatte ich von jeher die Gewohnheit, sobald ich in ein Wirtshaus kam, mich nach der Wirtin oder auch nach der Köchin umzusehen und mich schmeichlerisch gegen sie zu bezeigen, wodurch denn meine Zeche meistens vermindert wurde.

Eines Abends, als ich in das Posthaus eines kleinen Städtchens trat und eben nach meiner hergebrachten Weise verfahren wollte, rasselte gleich hinter mir ein schöner zweisitziger Wagen, mit vier Pferden bespannt, an der Türe vor. Ich wendete mich um und sah ein Frauenzimmer allein, ohne Kammerfrau, ohne Bedienten. Ich eilte sogleich, ihr den Schlag zu eröffnen und zu fragen, ob sie etwas zu befehlen habe. Beim Aussteigen zeigte sich eine schöne Gestalt, und ihr liebenswürdiges Gesicht war, wenn man es näher betrachtete, mit einem kleinen Zug von Traurigkeit geschmückt. Ich fragte nochmals, ob ich ihr in etwas dienen könne.

»O ja!« sagte sie, »wenn Sie mir mit Sorgfalt das Kästchen, das auf dem Sitze steht, herausheben und hinauftragen wollen; aber ich bitte gar sehr, es recht stet zu tragen und im mindesten nicht zu bewegen oder zu rütteln.«

Ich nahm das Kästchen mit Sorgfalt, sie verschloß den Kutschenschlag, wir stiegen zusammen die Treppe hinauf, und sie sagte dem Gesinde, daß sie diese Nacht hier bleiben würde.

Nun waren wir allein in dem Zimmer; sie hieß mich das Kästchen auf den Tisch setzen, der an der Wand stand, und als ich an einigen ihrer Bewegungen merkte, daß sie allein zu sein wünschte, empfahl ich mich, indem ich ihr ehrerbietig, aber feurig die Hand küßte.

»Bestellen Sie das Abendessen für uns beide«, sagte sie darauf; und es läßt sich denken, mit welchem Vergnügen ich diesen Auftrag ausrichtete, wobei ich denn zugleich in meinem Übermut Wirt, Wirtin und Gesinde kaum über die Achsel ansah. Mit Ungeduld erwartete ich den Augenblick, der mich endlich wieder zu ihr führen sollte. Es war aufgetragen, wir setzten uns gegeneinander über, ich labte mich zum erstenmal seit geraumer Zeit an einem guten Essen und zugleich an einem so erwünschten Anblick; ja, mir kam es vor, als wenn sie mit jeder Minute schöner würde.

Ihre Unterhaltung war angenehm, doch suchte sie alles abzulehnen, was sich auf Neigung und Liebe bezog. Es ward abgeräumt; ich zauderte, ich suchte allerlei Kunstgriffe, mich ihr zu nähern, aber vergebens: Sie hielt mich durch eine gewisse Würde zurück, der ich nicht widerstehen konnte; ja, ich mußte wider meinen Willen zeitig genug von ihr scheiden.

Nach einer meist durchwachten und unruhig durchträumten Nacht war ich früh auf, erkundigte mich, ob sie Pferde bestellt habe; ich hörte nein und ging in den Garten, sah sie angekleidet am Fenster stehen und eilte zu ihr hinauf. Als sie mir so schön und schöner als gestern entgegenkam, regte sich auf einmal in mir Neigung, Schalkheit und Verlegenheit; ich stürzte auf sie zu und faßte sie in meine Arme.

»Englisches, unwiderstehliches Wesen!« rief ich aus, »verzeih, aber es ist unmöglich!« Mit unglaublicher Gewandtheit entzog sie sich meinen Armen, und ich hatte ihr nicht einmal einen Kuß auf die Wange drücken können.

»Halten Sie solche Ausbrüche einer plötzlichen leidenschaftlichen Neigung zurück, wenn Sie ein Glück nicht verscherzen wollen, das Ihnen sehr naheliegt, das aber erst nach einigen Prüfungen ergriffen werden kann.«

»Fordere, was du willst, englischer Geist!« rief ich aus, »aber bringe mich nicht zur Verzweiflung.«

Sie versetzte lächelnd: »Wollen Sie sich meinem Dienste widmen, so hören Sie die Bedingungen! Ich komme hierher, eine Freundin zu besuchen, bei der ich einige Tage zu verweilen gedenke; indessen wünsche ich, daß mein Wagen und dies Kästchen weitergebracht werden. Wollen Sie es übernehmen? Sie haben dabei nichts zu tun, als das Kästchen mit Behutsamkeit in und aus dem Wagen zu heben; wenn es darin steht, sich daneben zu setzen und jede Sorge dafür zu tragen. Kommen Sie in ein Wirtshaus, so wird es auf einen Tisch gestellt, in eine besondere Stube, in der Sie weder wohnen noch schlafen dürfen. Sie verschließen die Zimmer jedesmal mit diesem Schlüssel, der alle Schlösser auf- und zuschließt und dem Schlosse die besondere Eigenschaft gibt, daß es niemand in der Zwischenzeit zu eröffnen imstande ist.«

Ich sah sie an, mir ward sonderbar zumute; ich versprach, alles zu tun, wenn ich hoffen könnte, sie bald wiederzusehen, und wenn sie mir diese Hoffnung mit einem Kuß besiegelte. Sie tat es, und von dem Augenblicke an war ich ihr ganz leibeigen geworden. Ich sollte nun die Pferde bestellen, sagte sie. Wir besprachen den Weg, den ich nehmen, die Orte, wo ich mich aufhalten und sie erwarten sollte. Sie drückte mir zuletzt einen Beutel mit Gold in die Hand und ich meine Lippen auf ihre Hände. Sie schien gerührt beim Abschied, und ich wußte schon nicht mehr, was ich tat oder tun sollte.

Als ich von meiner Bestellung zurückkam, fand ich die Stubentür verschlossen. Ich versuchte gleich meinen Hauptschlüssel, und er machte sein Probestück vollkommen. Die Türe sprang auf, ich fand das Zimmer leer, nur das Kästchen stand auf dem Tische, wo ich es hingestellt hatte.

Der Wagen war vorgefahren, ich trug das Kästchen sorgfältig hinunter und setzte es neben mich.

Die Wirtin fragte: »Wo ist denn die Dame?«

Ein Kind antwortete: »Sie ist in die Stadt gegangen.«

Ich begrüßte die Leute und fuhr wie im Triumph von hinnen, der ich gestern abend mit bestaubten Gamaschen hier angekommen war. Daß ich nun bei guter Muße diese Geschichte hin und her überlegte, das Geld zählte, mancherlei Entwürfe machte und immer gelegentlich nach dem Kästchen schielte, können Sie leicht denken. Ich fuhr nun stracks vor mich hin, stieg mehrere Stationen nicht aus und rastete nicht, bis ich zu einer ansehnlichen Stadt gelangt war, wohin sie mich beschieden hatte. Ihre Befehle wurden sorgfältig beobachtet, das Kästchen in ein besonderes Zimmer gestellt und ein paar Wachslichter daneben, unangezündet, wie sie auch verordnet hatte. Ich verschloß das Zimmer, richtete mich in dem meinigen ein und tat mir etwas zugute.

Eine Weile konnte ich mich mit dem Andenken an sie beschäftigen, aber gar bald wurde mir die Zeit lang. Ich war nicht gewohnt, ohne Gesellschaft zu leben; diese fand ich bald an Wirtstafeln und an öffentlichen Orten nach meinem Sinne. Mein Geld fing bei dieser Gelegenheit an zu schmelzen und verlor sich eines Abends völlig aus meinem Beutel, als ich mich unvorsichtig einem leidenschaftlichen Spiel überlassen hatte. Auf meinem Zimmer angekommen, war ich außer mir. Von Geld entblößt, mit dem Ansehen eines reichen Mannes eine tüchtige Zeche erwartend, ungewiß, ob und wann meine Schöne sich wieder zeigen würde, war ich in der größten Verlegenheit. Doppelt sehnte ich mich nach ihr und glaubte nun gar nicht mehr, ohne sie und ohne ihr Geld leben zu können.

Nach dem Abendessen, das mir gar nicht geschmeckt hatte, weil ich es diesmal einsam zu genießen genötigt worden, ging ich in dem Zimmer lebhaft auf und ab, sprach mit mir selbst, verwünschte mich, warf mich auf den Boden, zerraufte mir die Haare und erzeigte mich ganz ungebärdig. Auf einmal höre ich in dem verschlossenen Zimmer nebenan eine leise Bewegung und kurz nachher an der wohlverwahrten Türe pochen. Ich raffe mich zusammen, greife nach dem Hauptschlüssel, aber die Flügeltüren springen von selbst auf, und im Schein jener brennenden Wachslichter kommt mir meine Schöne entgegen. Ich werfe mich ihr zu Füßen, küsse ihr Kleid, ihre Hände, sie hebt mich auf, ich wage nicht, sie zu umarmen, kaum, sie anzusehen; doch gestehe ich ihr aufrichtig und reuig meinen Fehler.

»Es ist zu verzeihen«, sagte sie, »nur verspätet Ihr leider Euer Glück und meines. Ihr müßt nun abermals eine Strecke in die Welt hineinfahren, ehe wir uns wiedersehen. Hier ist noch mehr Gold«, sagte sie, »und hinreichend, wenn Ihr einigermaßen haushalten wollt. Hat Euch aber diesmal Wein und Spiel in Verlegenheit gesetzt, so hütet Euch nun vor Wein und Weibern und laßt mich auf ein fröhliches Wiedersehen hoffen.«

Sie trat über ihre Schwelle zurück, die Flügel schlugen zusammen; ich pochte, ich bat, aber nichts ließ sich weiter hören. Als ich den andern Morgen die Zeche verlangte, lächelte der Kellner und sagte: »So wissen wir doch, warum Ihr Eure Türen auf eine so künstliche und unbegreifliche Weise verschließt, daß kein Hauptschlüssel sie öffnen kann. Wir vermuteten bei Euch viel Geld und Kostbarkeiten; nun aber haben wir den Schatz die Treppe hinuntergehen sehn, und auf alle Weise schien er würdig, wohl verwahrt zu werden.«

Ich erwiderte nichts dagegen, zahlte meine Rechnung und stieg mit meinem Kästchen in den Wagen. Ich fuhr nun wieder in die Welt hinein mit dem festesten Vorsatz, auf die Warnung meiner geheimnisvollen Freundin künftig zu achten. Doch war ich kaum abermals in einer großen Stadt angelangt, so ward ich bald mit liebenswürdigen Frauenzimmern bekannt, von denen ich mich durchaus nicht losreißen konnte. Sie schienen mir ihre Gunst teuer anrechnen zu wollen; denn indem sie mich immer in einiger Entfernung hielten, verleiteten sie mich zu einer Ausgabe nach der andern, und da ich nur suchte, ihr Vergnügen zu befördern, dachte ich abermals nicht an meinen Beutel, sondern zahlte und spendete immerfort, so wie es eben vorkam.

Wie groß war daher meine Verwunderung und mein Vergnügen, als ich nach einigen Wochen bemerkte, daß die Fülle des Beutels noch nicht abgenommen hatte, sondern daß er noch so rund und strotzend war wie anfangs. Ich wollte mich dieser schönen Eigenschaft näher versichern, setzte mich hin, zu zählen, merkte mir die Summe genau und fing nun an, mit meiner Gesellschaft lustig zu leben wie vorher. Da fehlte es nicht an Land- und Wasserfahrten, an Tanz, Gesang und andern Vergnügungen. Nun bedurfte es aber keiner großen Aufmerksamkeit, um gewahr zu werden, daß der Beutel wirklich abnahm, eben als wenn ich ihm durch mein verwünschtes Zählen die Tugend, unzählbar zu sein, entwendet hätte. Indessen war das Freudenleben einmal im Gange, ich konnte nicht mehr zurück, und doch war ich mit meiner Barschaft bald am Ende.

Ich verwünschte meine Lage, schalt auf meine Freundin, die mich so in Versuchung geführt hatte, nahm es ihr übel auf, daß sie sich nicht wieder sehen lassen, sagte mich im Ärger von allen Pflichten gegen sie los und nahm mir vor, das Kästchen zu öffnen, ob vielleicht in demselben einige Hilfe zu finden sei. Denn war es gleich nicht schwer genug, um Geld zu enthalten, so konnten doch Juwelen darin sein, und auch diese wären mir sehr willkommen gewesen. Ich war im Begriff, den Vorsatz auszuführen, doch verschob ich ihn auf die Nacht, um die Operation recht ruhig vorzunehmen, und eilte zu einem Bankett, das eben angesagt war. Da ging es denn wieder hoch her, und wir waren durch Wein und Trompetenschall mächtig aufgeregt, als mir der unangenehme Streich passierte, daß beim Nachtische ein älterer Freund meiner liebsten Schönheit, von Reisen kommend, unvermutet hereintrat, sich zu ihr setzte und ohne große Umstände seine alten Rechte geltend zu machen suchte. Daraus entstand nun bald Unwille, Hader und Streit; wir zogen vom Leder, und ich ward mit mehreren Wunden halbtot nach Hause getragen. Der Chirurgus hatte mich verbunden und verlassen, es war schon tief in der Nacht, mein Wärter eingeschlafen: Die Tür des Seitenzimmers ging auf, meine geheimnisvolle Freundin trat herein und setzte sich zu mir ans Bette. Sie fragte nach meinem Befinden; ich antwortete nicht, denn ich war matt und verdrießlich. Sie fuhr fort, mit vielem Anteil zu sprechen, rieb mir die Schläfe mit einem gewissen Balsam, so daß ich mich geschwind und entschieden gestärkt fühlte, so gestärkt, daß ich mich erzürnen und sie ausschelten konnte. In einer heftigen Rede warf ich alle Schuld meines Unglücks auf sie, auf die Leidenschaft, die sie mir eingeflößt, auf ihr Erscheinen, ihr Verschwinden, auf die Langeweile, auf die Sehnsucht, die ich empfinden mußte. Ich ward immer heftiger und heftiger, als wenn mich ein Fieber anfiele, und ich schwur ihr zuletzt, daß, wenn sie nicht die Meinige sein, mir diesmal nicht angehören und sich mit mir verbinden wolle, so verlange ich nicht länger zu leben; worauf ich entschiedene Antwort forderte. Als sie zaudernd mit einer Erklärung zurückhielt, geriet ich ganz außer mir, riß den doppelten und dreifachen Verband von den Wunden, mit der entschiedenen Absicht, mich zu verbluten. Aber wie erstaunte ich, als ich meine Wunden alle geheilt, meinen Körper schmuck und glänzend und sie in meinen Armen fand.

Nun waren wir das glücklichste Paar von der Welt. Wir baten einander wechselseitig um Verzeihung und wußten selbst nicht recht, warum. Sie versprach nun, mit mir weiterzureisen, und bald saßen wir nebeneinander im Wagen, das Kästchen gegen uns über, am Platze der dritten Person. Ich hatte desselben niemals gegen sie erwähnt; auch jetzt fiel mir's nicht ein, davon zu reden, ob es uns gleich vor Augen stand und wir durch eine stillschweigende Übereinkunft beide dafür sorgten, wie es etwa die Gelegenheit geben mochte; nur daß ich es immer in und aus dem Wagen hob und mich wie vormals mit dem Verschluß der Türen beschäftigte.

Solange noch etwas im Beutel war, hatte ich immerfort bezahlt; als es mit meiner Barschaft zu Ende ging, ließ ich sie es merken.

»Dafür ist leicht Rat geschafft«, sagte sie und deutete auf ein Paar kleine Taschen, oben an der Seite des Wagens angebracht, die ich früher wohl bemerkt, aber nicht gebraucht hatte. Sie griff in die eine und zog einige Goldstücke heraus sowie aus der andern einige Silbermünzen und zeigte mir dadurch die Möglichkeit, jeden Aufwand, wie es uns beliebte, fortzusetzen.

So reisten wir von Stadt zu Stadt, von Land zu Land, waren unter uns und mit andern froh, und ich dachte nicht daran, daß sie mich wieder verlassen könnte, um so weniger, als sie sich seit einiger Zeit entschieden guter Hoffnung befand, wodurch unsere Heiterkeit und unsere Liebe nur noch vermehrt wurde. Aber eines Morgens fand ich sie leider nicht mehr, und weil mir der Aufenthalt ohne sie verdrießlich war, machte ich mich mit meinem Kästchen wieder auf den Weg, versuchte die Kraft beider Taschen und fand sie noch immer bewährt. Die Reise ging glücklich vonstatten, und wenn ich bisher über mein Abenteuer weiter nicht nachdenken mögen, weil ich eine ganz natürliche Entwicklung der wundersamen Begebenheiten erwartete, so ereignete sich doch gegenwärtig etwas, wodurch ich in Erstaunen, in Sorgen, ja in Furcht gesetzt wurde. Weil ich, um von der Stelle zu kommen, Tag und Nacht zu reisen gewohnt war, so geschah es, daß ich oft im Finstern fuhr und es in meinem Wagen, wenn die Laternen zufällig ausgingen, ganz dunkel war.

Einmal bei so finsterer Nacht war ich eingeschlafen, und als ich erwachte, sah ich den Schein eines Lichtes an der Decke meines Wagens. Ich beobachtete denselben und fand, daß er aus dem Kästchen hervorbrach, das einen Riß zu haben schien, eben als wäre es durch die heiße und trockene Witterung der eingetretenen Sommerzeit gesprungen. Meine Gedanken an die Juwelen wurden wieder rege, ich vermutete, daß ein Karfunkel im Kästchen liege, und wünschte, darüber Gewißheit zu haben. Ich rückte mich, so gut ich konnte, zurecht, so daß ich mit dem Auge unmittelbar den Riß berührte.

Aber wie groß war mein Erstaunen, als ich in ein von Lichtern wohl erhelltes, mit viel Geschmack, ja Kostbarkeit möbliertes Zimmer hineinsah, gerade so, als hätte ich durch die Öffnung eines Gewölbes in einen königlichen Saal hinabgesehn. Zwar konnte ich nur einen Teil des Raumes beobachten, der mich auf das übrige schließen ließ. Ein Kaminfeuer schien zu brennen, neben welchem ein Lehnsessel stand. Ich hielt den Atem an mich und fuhr fort zu beobachten. Indem kam von der andern Seite des Saals ein Frauenzimmer mit einem Buch in den Händen, die ich sogleich für meine Frau erkannte, obschon ihr Bild nach dem allerkleinsten Maßstabe zusammengezogen war. Die Schöne setzte sich in den Sessel ans Kamin, um zu lesen, legte die Brände mit der niedlichsten Feuerzange zurecht, wobei ich deutlich bemerken konnte, das allerliebste kleine Wesen sei ebenfalls guter Hoffnung. Nun fand ich mich aber genötigt, meine unbequeme Stellung einigermaßen zu verrücken, und bald darauf, als ich wieder hineinsehen und mich überzeugen wollte, daß es kein Traum gewesen, war das Licht verschwunden, und ich blickte in eine leere Finsternis.

Wie erstaunt, ja erschrocken ich war, läßt sich begreifen. Ich machte mir tausend Gedanken über die Entdekkung und konnte doch eigentlich nichts denken. Darüber schlief ich ein, und als ich erwachte, glaubte ich eben nur geträumt zu haben; doch fühlte ich mich von meiner Schönen einigermaßen entfremdet, und indem ich das Kästchen nur desto sorgfältiger trug, wußte ich nicht, ob ich ihre Wiedererscheinung in völliger Menschengröße wünschen oder fürchten sollte.

Nach einiger Zeit trat denn wirklich meine Schöne gegen Abend in weißem Kleide herein, und da es eben im Zimmer dämmerte, so kam sie mir länger vor, als ich sie sonst zu sehen gewohnt war, und ich erinnerte mich, gehört zu haben, daß alle vom Geschlecht der Nixen und Gnomen bei einbrechender Nacht an Länge gar merklich zunähmen.

Sie flog wie gewöhnlich in meine Arme, aber ich konnte sie nicht recht frohmütig an meine beklemmte Brust drücken.

»Mein Liebster«, sagte sie, »ich fühle nun wohl an deinem Empfang, was ich leider schon weiß. Du hast mich in der Zwischenzeit gesehn; du bist von dem Zustand unterrichtet, in dem ich mich zu gewissen Zeiten befinde; dein Glück und das meinige ist hiedurch unterbrochen, ja, es steht auf dem Punkte, ganz vernichtet zu werden. Ich muß dich verlassen und weiß nicht, ob ich dich jemals wiedersehen werde.«

Ihre Gegenwart, die Anmut, mit der sie sprach, entfernte sogleich fast jede Erinnerung jenes Gesichts, das mir schon bisher nur als ein Traum vorgeschwebt hatte. Ich umfing sie mit Lebhaftigkeit, überzeugte sie von meiner Leidenschaft, versicherte ihr meine Unschuld, erzählte ihr das Zufällige der Entdeckung, genug, ich tat so viel, daß sie selbst beruhigt schien und mich zu beruhigen suchte.

»Prüfe dich genau«, sagte sie, »ob diese Entdeckung deiner Liebe nicht geschadet habe, ob du vergessen kannst, daß ich in zweierlei Gestalt mich neben dir befinde, ob die Verringerung meines Wesens nicht auch deine Neigung vermindern werde.«

Ich sah sie an; schöner war sie als jemals, und ich dachte bei mir selbst: Ist es denn ein so großes Unglück, eine Frau zu besitzen, die von Zeit zu Zeit eine Zwergin wird, so daß man sie im Kästchen herumtragen kann? Wäre es nicht viel schlimmer, wenn sie zur Riesin würde und ihren Mann in den Kasten steckte? Meine Heiterkeit war zurückgekehrt. Ich hätte sie um alles in der Welt nicht fahren lassen.

»Bestes Herz«, versetzte ich, »laß uns bleiben und sein, wie wir gewesen sind. Könnten wir's beide denn herrlicher finden! Bediene dich deiner Bequemlichkeit, und ich verspreche dir, das Kästchen nur desto sorgfältiger zu tragen. Wie sollte das Niedlichste, was ich in meinem Leben gesehn, einen schlimmen Eindruck auf mich machen? Wie glücklich würden die Liebhaber sein, wenn sie solche Miniaturbilder besitzen könnten! Und am Ende war es auch nur ein solches Bild, eine kleine Taschenspielerei. Du prüfst und neckst mich; du sollst aber sehen, wie ich mich halten werde.«

»Die Sache ist ernsthafter, als du denkst«, sagte die Schöne; »indessen bin ich recht wohl zufrieden, daß du sie leicht nimmst: denn für uns beide kann noch immer die heiterste Folge werden. Ich will dir vertrauen und von meiner Seite das mögliche tun; nur versprich mir, dieser Entdeckung niemals vorwurfsweise zu gedenken. Dazu füg ich noch eine Bitte recht inständig: Nimm dich vor Wein und Zorn mehr als jemals in acht.«

Ich versprach, was sie begehrte, ich hätte zu und immerzu versprochen; doch sie wendete selbst das Gespräch, und alles war im vorigen Gleise. Wir hatten nicht Ursache, den Ort unseres Aufenthaltes zu verändern; die Stadt war groß, die Gesellschaft vielfach, die Jahreszeit veranlaßte manches Land- und Gartenfest.

Bei allen solchen Freuden war meine Frau sehr gern gesehn, ja von Männern und Frauen lebhaft verlangt. Ein gutes, einschmeichelndes Betragen, mit einer gewissen Hoheit verknüpft, machte sie jedermann lieb und ehrenwert. Überdies spielte sie herrlich die Laute und sang dazu, und alle geselligen Nächte mußten durch ihr Talent gekrönt werden.

Ich will nur gestehen, daß ich mir aus der Musik niemals viel habe machen können, ja, sie hatte vielmehr auf mich eine unangenehme Wirkung. Meine Schöne, die mir das bald abgemerkt hatte, suchte mich daher niemals, wenn wir allein waren, auf diese Weise zu unterhalten; dagegen schien sie sich in Gesellschaft zu entschädigen, wo sie denn gewöhnlich eine Menge Bewunderer fand.

Und nun – warum sollte ich es leugnen? unsere letzte Unterredung, ungeachtet meines besten Willens, war doch nicht vermögend gewesen, die Sache ganz bei mir abzutun; vielmehr hatte sich meine Empfindungsweise gar seltsam gestimmt, ohne daß ich es mir vollkommen bewußt gewesen wäre. Da brach eines Abends in großer Gesellschaft der verhaltene Unmut los, und mir entsprang daraus der allergrößte Nachteil.

Wenn ich es jetzt recht bedenke, so liebte ich nach jener unglücklichen Entdeckung meine Schönheit viel weniger, und nun ward ich eifersüchtig auf sie, was mir vorher gar nicht eingefallen war. Abends bei Tafel, wo wir schräg gegeneinander über in ziemlicher Entfernung saßen, befand ich mich sehr wohl mit meinen beiden Nachbarinnen, ein paar Frauenzimmern, die mir seit einiger Zeit reizend geschienen hatten. Unter Scherz- und Liebesreden sparte man des Weines nicht, indessen von der andern Seite ein paar Musikfreunde sich meiner Frau bemächtigt hatten und die Gesellschaft zu Gesängen, einzelnen und chormäßigen, aufzumuntern und anzuführen wußten.

Darüber fiel ich in böse Laune; die beiden Kunstliebhaber schienen zudringlich; der Gesang machte mich ärgerlich, und als man gar von mir auch eine Solostrophe begehrte, so wurde ich wirklich aufgebracht, leerte den Becher und setzte ihn sehr unsanft nieder.

Durch die Anmut meiner Nachbarinnen fühlte ich mich sogleich zwar wieder gemildert, aber es ist eine böse Sache um den Ärger, wenn er einmal auf dem Wege ist. Er kochte heimlich fort, obgleich alles mich hätte sollen zur Freude, zur Nachgiebigkeit stimmen. Im Gegenteil wurde ich nur noch tückischer, als man eine Laute brachte und meine Schöne ihren Gesang zur Bewunderung aller übrigen begleitete. Unglücklicherweise erbat man sich eine allgemeine Stille. Also auch schwatzen sollte ich nicht mehr, und die Töne taten mir in den Zähnen weh. War es nun ein Wunder, daß endlich der kleinste Funke die Mine zündete?

Eben hatte die Sängerin ein Lied unter dem größten Beifall geendigt, als sie nach mir, und wahrlich recht liebevoll, herübersah. Leider drangen die Blicke nicht bei mir ein. Sie bemerkte, daß ich einen Becher Wein hinunterschlang und einen neu anfüllte. Mit dem rechten Zeigefinger winkte sie mir lieblich drohend.

»Bedenken Sie, daß es Wein ist!« sagte sie, nicht lauter, als daß ich es hören konnte.

»Wasser ist für Nixen!« rief ich aus.

»Meine Damen«, sagte sie zu meinen Nachbarinnen, »kränzen Sie den Becher mit aller Anmut, daß er nicht zu oft leer werde.«

»Sie werden sich doch nicht meistern lassen!« zischelte mir die eine ins Ohr.

»Was will der Zwerg?« rief ich aus, mich heftiger gebärdend, wodurch ich den Becher umstieß.

»Hier ist viel verschüttet!« rief die Wunderschöne, tat einen Griff in die Saiten, als wolle sie die Aufmerksamkeit der Gesellschaft aus dieser Störung wieder auf sich heranziehen. Es gelang ihr wirklich, um so mehr, als sie aufstand, aber nur, als wenn sie sich das Spiel bequemer machen wollte, und zu präludieren fortfuhr.

Als ich den roten Wein über das Tischtuch fließen sah, kam ich wieder zu mir selbst. Ich erkannte den großen Fehler, den ich begangen hatte, und war recht innerlich zerknirscht. Zum erstenmal sprach die Musik mich an. Die erste Strophe, die sie sang, war ein freundlicher Abschied an die Gesellschaft, wie sie sich noch zusammen fühlen konnte. Bei der folgenden Strophe floß die Sozietät gleichsam auseinander, jeder fühlte sich einzeln, abgesondert, niemand glaubte sich mehr gegenwärtig. Aber was soll ich denn von der letzten Strophe sagen? Sie war allein an mich gerichtet, die Stimme der gekränkten Liebe, die von Unmut und Übermut Abschied nimmt.

Stumm führte ich sie nach Hause und erwartete mir nichts Gutes. Doch kaum waren wir in unserm Zimmer angelangt, als sie sich höchst freundlich und anmutig, ja sogar schalkhaft erwies und mich zum glücklichsten aller Menschen machte.

Des andern Morgens sagte ich ganz getrost und liebevoll: »Du hast so manchmal, durch gute Gesellschaft aufgefordert, gesungen, so zum Beispiel gestern abend das rührende Abschiedslied; singe nun auch einmal mir zuliebe ein hübsches, fröhliches Willkommen in dieser Morgenstunde, damit es uns werde, als wenn wir uns zum erstenmal kennenlernten.«

»Das vermag ich nicht, mein Freund«, versetzte sie mit Ernst. »Das Lied von gestern abend bezog sich auf unsere Scheidung, die nun sogleich vor sich gehen muß; denn ich kann dir nur sagen, die Beleidigung gegen Versprechen und Schwur hat für uns beide die schlimmsten Folgen; du verscherzest ein großes Glück, und auch ich muß meinen liebsten Wünschen entsagen.«

Als ich nun hierauf in sie drang und bat, sie möchte sich näher erklären, versetzte sie: »Das kann ich leider wohl, denn es ist doch um mein Bleiben bei dir getan. Vernimm also, was ich dir lieber bis in die spätesten Zeiten verborgen hätte. Die Gestalt, in der du mich im Kästchen erblicktest, ist mir wirklich angeboren und natürlich; denn ich bin aus dem Stamm des Königs Eckwald, des mächtigen Fürsten der Zwerge, von dem die wahrhafte Geschichte so vieles meldet. Unser Volk ist noch immer wie vor alters tätig und geschäftig und auch daher leicht zu regieren.

Du mußt dir aber nicht vorstellen, daß die Zwerge in ihrer Arbeit zurückgeblieben sind. Sonst waren Schwerter, die den Feind verfolgten, wenn man sie ihm nachwarf, unsichtbar und geheimnisvoll bindende Ketten, undurchdringliche Schilde und dergleichen ihre berühmtesten Arbeiten. Jetzt aber beschäftigen sie sich hauptsächlich mit Sachen der Bequemlichkeit und des Putzes und übertreffen darin alle andern Völker der Erde. Du würdest erstaunen, wenn du unsere Werkstätten und Warenlager hindurchgehen solltest. Dies wäre nun alles gut, wenn nicht bei der ganzen Nation überhaupt, vorzüglich aber bei der königlichen Familie, ein besonderer Umstand einträte.«

Da sie einen Augenblick innehielt, ersuchte ich sie um fernere Eröffnung dieser wundersamen Geheimnisse, worin sie mir denn auch sogleich willfahrte.

[. . .]

»Da nämlich auf der Welt nichts ewig bestehen kann, sondern alles, was einmal groß gewesen, klein werden und abnehmen muß, so sind auch wir in dem Falle, daß wir seit Erschaffung der Welt immer abnehmen und kleiner werden, vor allen andern aber die königliche Familie, welche wegen ihres reinen Blutes diesem Schicksal am ersten unterworfen ist. Deshalb haben unsere weisen Meister schon vor vielen Jahren den Ausweg erdacht, daß von Zeit zu Zeit eine Prinzessin aus dem königlichen Hause heraus ins Land gesendet werde, um sich mit einem ehrsamen Ritter zu vermählen, damit das Zwergengeschlecht wieder angefrischt und vom gänzlichen Verfall gerettet sei.« Indessen meine Schöne diese Worte ganz treuherzig vorbrachte, sah ich sie bedenklich an, weil es schien, als ob sie Lust habe, mir etwas aufzubinden. Was ihre niedliche Herkunft betraf, daran hatte ich weiter keinen Zweifel; aber daß sie mich anstatt eines Ritters ergriffen hatte, das machte mir einiges Mißtrauen . . . Ich verbarg Verwunderung und Zweifel und fragte sie freundlich: »Aber sage mir, mein liebes Kind, wie kommst du zu dieser großen und ansehnlichen Gestalt? Denn ich kenne wenig Frauen, die sich dir an prächtiger Bildung vergleichen können.«

»Das sollst du erfahren«, versetzte meine Schöne. »Es ist von jeher im Rat der Zwergenkönige hergebracht, daß man sich so lange als möglich vor jedem außerordentlichen Schritt in acht nehme, welches ich denn auch ganz natürlich und billig finde. Man hätte vielleicht noch lange gezaudert, eine Prinzessin wieder einmal in das Land zu senden, wenn nicht mein nachgeborner Bruder so klein ausgefallen wäre, daß ihn die Wärterinnen sogar aus den Windeln verloren haben und man nicht weiß, wo er hingekommen ist. Bei diesem in den Jahrbüchern des Zwergenreichs ganz unerhörten Falle versammelte man die Weisen, und kurz und gut, der Entschluß ward gefaßt, mich auf die Freite zu schicken.«

»Der Entschluß!« rief ich aus; »das ist wohl alles schön und gut. Man kann sich entschließen, man kann etwas beschließen; aber einem Zwerglein diese Göttergestalt zu geben, wie haben eure Weisen dies zustande gebracht?«

»Es war auch schon«, sagte sie, »von unsern Ahnherren vorgesehen. In dem königlichen Schatze lag ein ungeheurer goldner Fingerring. Ich spreche jetzt von ihm, wie er mir vorkam, da er mir, als einem Kinde, ehemals an seinem Orte gezeigt wurde: denn es ist derselbe, den ich hier am Finger habe; und nun ging man folgendergestalt zu Werke. Man unterrichtete mich von allem, was bevorstehe, und belehrte mich, was ich zu tun und zu lassen habe.

Ein köstlicher Palast, nach dem Muster des liebsten Sommeraufenthalts meiner Eltern, wurde verfertigt: ein Hauptgebäude, Seitenflügel und was man nur wünschen kann. Er stand am Eingang einer großen Felskluft und verzierte sie aufs beste. An dem bestimmten Tage zog der Hof dorthin und meine Eltern mit mir. Die Armee paradierte, und vierundzwanzig Priester trugen auf einer köstlichen Bahre, nicht ohne Beschwerlichkeit, den wundervollen Ring. Er ward an die Schwelle des Gebäudes gelegt, gleich innerhalb, wo man über sie hinübertritt. Manche Zeremonien wurden begangen, und nach einem herzlichen Abschiede schritt ich zum Werk. Ich trat hinzu, legte die Hand an den Ring und fing sogleich merklich zu wachsen an. In wenig Augenblicken war ich zu meiner gegenwärtigen Größe gelangt, worauf ich den Ring sogleich an den Finger steckte. Nun im Nu verschlossen sich Fenster und Türen und Tore, die Seitenflügel zogen sich ins Hauptgebäude zurück, statt des Palastes stand ein Kästchen neben mir, das ich sogleich aufhob und mit mir forttrug, nicht ohne ein angenehmes Gefühl, so groß und stark zu sein, zwar immer noch ein Zwerg gegen Bäume und Berge, gegen Ströme wie gegen Landstrecken, aber doch immer schon ein Riese gegen Gras und Kräuter, besonders aber gegen die Ameisen, mit denen wir Zwerge nicht immer in gutem Verhältnis stehen und deswegen oft von ihnen geplagt werden.

Wie es mir auf meiner Wallfahrt erging, ehe ich dich fand, davon hätte ich viel zu erzählen. Genug, ich prüfte manchen, aber niemand als du schien mir wert, den Stamm des herrlichen Eckwald zu erneuern und zu verewigen.«

Bei allen diesen Erzählungen wackelte mir mitunter der Kopf, ohne daß ich ihn gerade geschüttelt hätte. Ich tat verschiedene Fragen, worauf ich aber keine sonderlichen Antworten erhielt, vielmehr zu meiner größten Betrübnis erfuhr, daß sie nach dem, was begegnet, notwendig zu ihren Eltern zurück müsse. Sie hoffe zwar, wieder zu mir zu kommen, doch jetzt habe sie sich unvermeidlich zu stellen, weil sonst für sie so wie für mich alles verloren wäre. Die Beutel würden bald aufhören zu zahlen, und was sonst noch alles daraus entstehen könnte.

Da ich hörte, daß uns das Geld ausgehen dürfte, fragte ich nicht weiter, was sonst noch geschehen möchte. Ich zuckte die Achseln, ich schwieg, und sie schien mich zu verstehen.

Wir packten zusammen und setzten uns in den Wagen, das Kästchen gegen uns über, dem ich aber noch nichts von einem Palast ansehen konnte. So ging es mehrere Stationen fort. Postgeld und Trinkgeld wurden aus den Täschchen rechts und links bequem und reichlich bezahlt, bis wir endlich in eine gebirgige Gegend gelangten und kaum abgestiegen waren, als meine Schöne vorausging und ich auf ihr Geheiß mit dem Kästchen folgte. Sie führte mich auf ziemlich steilen Pfaden zu einem engen Wiesengrund, durch welchen sich eine klare Quelle bald stürzte, bald ruhig laufend schlängelte. Da zeigte sie mir eine erhöhte Fläche, hieß mich das Kästchen niedersetzen und sagte: »Lebe wohl, du findest den Weg gar leicht zurück; gedenke mein, ich hoffe, dich wiederzusehen.«

In diesem Augenblick war mir's, als wenn ich sie nicht verlassen könnte. Sie hatte gerade wieder ihren schönen Tag oder, wenn ihr wollt, ihre schöne Stunde. Mit einem so lieblichen Wesen allein auf grüner Matte, zwischen Gras und Blumen, von Felsen beschränkt, von Wasser umrauscht, welches Herz wäre da wohl fühllos geblieben! Ich wollte sie bei der Hand fassen, sie umarmen, aber sie stieß mich zurück und bedrohte mich, obwohl noch immer liebreich genug, mit großer Gefahr, wenn ich mich nicht sogleich entfernte.

»Ist denn gar keine Möglichkeit«, rief ich aus, »daß ich bei dir bleibe, daß du mich bei dir behalten könntest?«

Ich begleitete diese Worte mit so jämmerlichen Gebärden und Tönen, daß sie gerührt schien und nach einigem Bedenken mir gestand, eine Fortdauer unserer Verbindung sei nicht ganz unmöglich. Wer war glücklicher als ich! Meine Zudringlichkeit, die immer lebhafter ward, nötigte sie endlich, mit der Sprache herauszurükken und mir zu entdecken, daß, wenn ich mich entschlösse, mit ihr so klein zu werden, als ich sie schon gesehen, so könnte ich auch jetzt bei ihr bleiben, in ihre Wohnung, in ihr Reich, zu ihrer Familie mit übertreten. Dieser Vorschlag gefiel mir nicht ganz, doch konnte ich mich einmal in diesem Augenblick nicht von ihr losreißen, und ans Wunderbare seit geraumer Zeit schon gewöhnt, zu raschen Entschlüssen aufgelegt, schlug ich ein und sagte, sie möchte mit mir machen, was sie wolle.

Sogleich mußte ich den kleinen Finger meiner rechten Hand ausstrecken, sie stützte den ihrigen dagegen, zog mit der linken Hand den goldnen Ring ganz leise sich ab und ließ ihn herüber an meinen Finger laufen. Kaum war dies geschehen, so fühlte ich einen gewaltigen Schmerz am Finger, der Ring zog sich zusammen und folterte mich entsetzlich. Ich tat einen gewaltigen Schrei und griff unwillkürlich um mich her nach meiner Schönen, die aber verschwunden war. Wie mir indessen zumute gewesen, dafür wüßte ich keinen Ausdruck zu finden; auch bleibt mir nichts übrig zu sagen, als daß ich mich sehr bald in kleiner, niedriger Person neben meiner Schönen in einem Walde von Grashalmen befand. Die Freude des Wiedersehens nach einer kurzen und doch so seltsamen Trennung oder, wenn ihr wollt, einer Wiedervereinigung ohne Trennung übersteigt alle Begriffe. Ich fiel ihr um den Hals, sie erwiderte meine Liebkosungen, und das kleine Paar fühlte sich so glücklich als das große.

Mit einiger Unbequemlichkeit stiegen wir nunmehr an einem Hügel hinauf; denn die Matte war für uns beinah ein undurchdringlicher Wald geworden. Doch gelangten wir endlich auf eine Blöße, und wie erstaunt war ich, dort eine große, geregelte Masse zu sehen, die ich doch bald für das Kästchen, in dem Zustand, wie ich es hingesetzt hatte, wiedererkennen mußte.

»Gehe hin, mein Freund, und klopfe mit dem Ringe nur an, du wirst Wunder sehen«, sagte meine Geliebte. Ich trat hinzu und hatte kaum angepocht, so erlebte ich wirklich das größte Wunder. Zwei Seitenflügel bewegten sich hervor, und zugleich fielen wie Schuppen und

Späne verschiedene Teile herunter, da mir denn Türen, Fenster, Säulengänge und alles, was zu einem vollständigen Palaste gehört, auf einmal zu Gesichte kamen.

Wer einen künstlichen Schreibtisch von Roentgen gesehen hat, wo mit *einem* Zug viele Federn und Ressorts in Bewegung kommen, Pult und Schreibzeug, Brief- und Geldfächer sich auf einmal oder kurz nacheinander entwickeln, der wird sich eine Vorstellung machen können, wie sich jener Palast entfaltete, in welchen mich meine süße Begleiterin nunmehr hineinzog. In dem Hauptsaal erkannte ich sogleich das Kamin, das ich ehemals von oben gesehen, und den Sessel, worauf sie gesessen. Und als ich über mich blickte, glaubte ich wirklich noch etwas von dem Sprunge in der Kuppel zu bemerken, durch den ich hereingeschaut hatte. Ich verschone euch mit Beschreibung des übrigen; genug, alles war geräumig, köstlich und geschmackvoll.

Kaum hatte ich mich von meiner Verwunderung erholt, als ich von fern eine militärische Musik vernahm. Meine schöne Hälfte sprang vor Freuden auf und verkündigte mir mit Entzücken die Ankunft ihres Herrn Vaters. Hier traten wir unter die Türe und schauten, wie aus einer ansehnlichen Felskluft ein glänzender Zug sich bewegte. Soldaten, Bediente, Hausoffizianten und ein glänzender Hofstaat folgten hintereinander. Endlich erblickte man ein goldnes Gedränge und in demselben den König selbst. Als der ganze Zug vor dem Palast aufgestellt war, trat der König mit seiner nächsten Umgebung heran. Seine zärtliche Tochter eilte ihm entgegen, sie riß mich mit sich fort, wir warfen uns ihm zu Füßen, er hob mich sehr gnädig auf, und als ich vor ihn zu stehen kam, bemerkte ich erst, daß ich freilich in dieser kleinen Welt die ansehnlichste Statur hatte. Wir gingen zusammen nach dem Palaste, da mich der König in Gegenwart seines ganzen Hofes mit einer wohlstudierten

Rede, worin er seine Überraschung, uns hier zu finden, ausdrückte, zu bewillkommnen geruhte, mich als seinen Schwiegersohn erkannte und die Trauungszeremonie auf morgen ansetzte.

Wie schrecklich ward mir auf einmal zumute, als ich von Heirat reden hörte; denn ich fürchtete mich bisher davor fast mehr als vor der Musik selbst, die mir doch sonst das Verhaßteste auf Erden schien. Diejenigen, die Musik machen, pflegte ich zu sagen, stehen doch wenigstens in der Einbildung, untereinander einig zu sein und in Übereinstimmung zu wirken; denn wenn sie lange genug gestimmt und uns die Ohren mit allerlei Mißtönen zerrissen haben, so glauben sie steif und fest, die Sache sei nunmehr aufs reine gebracht und ein Instrument passe genau zum andern. Der Kapellmeister selbst ist in diesem glücklichen Wahn, und nun geht es freudig los, unterdes uns andern immerfort die Ohren gellen.

Bei dem Ehestand hingegen ist dies nicht einmal der Fall; denn ob er gleich nur ein Duett ist und man doch denken sollte, zwei Stimmen, ja zwei Instrumente müßten einigermaßen übereingestimmt werden können, so trifft es doch selten zu; denn wenn der Mann einen Ton angibt, so nimmt ihn die Frau gleich höher und der Mann wieder höher; da geht es denn aus dem Kammer- in den Chorton und immer so weiter hinauf, daß zuletzt die blasenden Instrumente selbst nicht folgen können. Und also, da mir die harmonische Musik zuwider bleibt, so ist mir noch weniger zu verdenken, daß ich die disharmonische gar nicht leiden kann.

Von allen Festlichkeiten, worunter der Tag hinging, mag und kann ich nicht erzählen; denn ich achtete gar wenig darauf. Das kostbare Essen, der köstliche Wein, nichts wollte mir schmecken. Ich sann und überlegte, was ich zu tun hätte. Doch da war nicht viel auszusinnen. Ich entschloß mich, als es Nacht wurde, kurz und

gut auf und davon zu gehen und mich irgendwo zu verbergen. Auch gelangte ich glücklich zu einer Steinritze, in die ich mich hineinzwängte und so gut als möglich verbarg. Mein erstes Bemühen darauf war, den unglücklichen Ring vom Finger zu schaffen, welches jedoch mir keineswegs gelingen wollte; vielmehr mußte ich fühlen, daß er immer enger ward, sobald ich ihn abzuziehen gedachte, worüber ich heftige Schmerzen litt, die aber sogleich nachließen, sobald ich von meinem Vorhaben abstand.

Frühmorgens wach ich auf – denn meine kleine Person hatte sehr gut geschlafen – und wollte mich eben weiter umsehen, als es über mir wie zu regnen anfing. Es fiel nämlich durch Gras, Blätter und Blumen wie Sand und Grus in Menge herunter; allein wie entsetzte ich mich, als alles um mich her lebendig ward und ein unendliches Ameisenheer über mich niederstürzte. Kaum wurden sie mich gewahr, als sie mich von allen Seiten angriffen und, ob ich mich gleich wacker und mutig genug verteidigte, doch zuletzt auf solche Weise zudeckten, kneipten und peinigten, daß ich froh war, als ich mir zurufen hörte, ich solle mich ergeben.
Ich ergab mich wirklich und gleich, worauf denn eine Ameise von ansehnlicher Statur sich mit Höflichkeit, ja mit Ehrfurcht näherte und sich sogar meiner Gunst empfahl. Ich vernahm, daß die Ameisen Alliierte meines Schwiegervaters geworden und daß er sie im gegenwärtigen Fall aufgerufen und verpflichtet, mich herbeizuschaffen. Nun war ich Kleiner in den Händen von noch Kleinern. Ich sah der Trauung entgegen und mußte noch Gott danken, wenn mein Schwiegervater nicht zürnte, wenn meine Schöne nicht verdrießlich geworden.

Laßt mich nun von allen Zeremonien schweigen; genug, wir waren verheiratet. So lustig und munter es jedoch bei uns herging, so fanden sich dessenungeachtet einsame Stunden, in denen man zum Nachdenken verleitet wird, und mir begegnete, was mir noch niemals begegnet war; was aber und wie, das sollt ihr vernehmen.

Alles um mich her war meiner gegenwärtigen Gestalt und meinen Bedürfnissen völlig gemäß, die Flaschen und Becher einem kleinen Trinker wohl proportioniert, ja, wenn man will, verhältnismäßig besseres Maß als bei uns. Meinem kleinen Gaumen schmeckten die zarten Bissen vortrefflich, ein Kuß von dem Mündchen meiner Gattin war gar zu reizend, und ich leugne nicht, die Neuheit machte mir alle diese Verhältnisse höchst angenehm. Dabei hatte ich jedoch leider meinen vorigen Zustand nicht vergessen. Ich empfand in mir einen Maßstab voriger Größe, welches mich unruhig und unglücklich machte. Nun begriff ich zum erstenmal, was die Philosophen unter ihren Idealen verstehen möchten, wodurch die Menschen so gequält sein sollen. Ich hatte ein Ideal von mir selbst und erschien mir manchmal im Traum wie ein Riese. Genug, die Frau, der Ring, die Zwergenfigur, so viele andere Bande machten mich ganz und gar unglücklich, daß ich auf meine Befreiung im Ernst zu denken begann.

Weil ich überzeugt war, daß der ganze Zauber in dem Ring verborgen liege, so beschloß ich, ihn abzufeilen. Ich entwendete deshalb dem Hofjuwelier einige Feilen. Glücklicherweise war ich links, und ich hatte in meinem Leben niemals etwas rechts gemacht. Ich hielt mich tapfer an die Arbeit; sie war nicht gering, denn das goldne Reifchen, so dünn es aussah, war in dem Verhältnis dichter geworden, als es sich aus seiner ersten Größe zusammengezogen hatte. Alle freien Stunden wendete ich unbeobachtet an dieses Geschäft und war klug genug, als das Metall bald durchgefeilt war, vor die Türe zu treten. Das war mir geraten; denn auf einmal sprang der goldne

Reif mit Gewalt vom Finger, und meine Figur schoß mit solcher Heftigkeit in die Höhe, daß ich wirklich an den Himmel zu stoßen glaubte und auf alle Fälle die Kuppel unseres Sommerpalastes durchgestoßen, ja das ganze Sommergebäude durch meine frische Unbehülflichkeit zerstört haben würde.

Da stand ich nun wieder, freilich um so vieles größer, allein, wie mir vorkam, auch um vieles dümmer und unbehülflicher. Und als ich mich aus meiner Betäubung erholt, sah ich die Schatulle neben mir stehen, die ich ziemlich schwer fand, als ich sie aufhob und den Fußpfad hinunter nach der Station trug, wo ich denn gleich einspannen und fortfahren ließ.

Unterwegs machte ich sogleich den Versuch mit den Täschchen an beiden Seiten. An der Stelle des Geldes, welches ausgegangen schien, fand ich ein Schlüsselchen; es gehörte zur Schatulle, in welcher ich einen ziemlichen Ersatz fand. Solange das vorhielt, bediente ich mich des Wagens; nachher wurde dieser verkauft, um mich auf dem Postwagen fortzubringen. Die Schatulle schlug ich zuletzt los, weil ich immer dachte, sie sollte sich noch einmal füllen. Und so kam ich denn endlich, obgleich durch einen ziemlichen Umweg, wieder an den Herd zur Köchin, wo ihr mich zuerst habt kennenlernen.

(Aus »Wilhelm Meisters Wanderjahre«)

Der Musensohn

Durch Feld und Wald zu schweifen,
mein Liedchen wegzupfeifen,
so geht's von Ort zu Ort!
Und nach dem Takte reget
und nach dem Maß beweget
sich alles an mir fort.

Ich kann sie kaum erwarten,
die erste Blum im Garten,
die erste Blüt am Baum.
Sie grüßen meine Lieder,
und kommt der Winter wieder,
sing ich noch jenen Traum.

Ich sing ihn in der Weite,
auf Eises Läng und Breite,
da blüht der Winter schön!
Auch diese Blüte schwindet,
und neue Freude findet
sich auf bebauten Höhn.

Denn wie ich bei der Linde
das junge Völkchen finde,
sogleich erreg ich sie.
Der stumpfe Bursche bläht sich,
das steife Mädchen dreht sich
nach meiner Melodie.

Ihr gebt den Sohlen Flügel
und treibt durch Tal und Hügel
den Liebling weit von Haus.
Ihr lieben, holden Musen,
wann ruh ich ihr am Busen
auch endlich wieder aus?

Das Veilchen

Ein Veilchen auf der Wiese stand
gebückt in sich und unbekannt;
es war ein herzigs Veilchen.
Da kam eine junge Schäferin,
mit leichtem Schritt und munterm Sinn,
daher, daher,
die Wiese her, und sang.

Ach! denkt das Veilchen, wär ich nur
die schönste Blume der Natur,
ach, nur ein kleines Weilchen,
bis mich das Liebchen abgepflückt
und an dem Busen matt gedrückt!
Ach nur, ach nur
ein Viertelstündchen lang!

Ach! aber ach! das Mädchen kam
und nicht in acht das Veilchen nahm,
ertrat das arme Veilchen.
Es sank und starb und freut' sich noch:
Und sterb ich denn, so sterb ich doch
durch sie, durch sie,
zu ihren Füßen doch.

Gefunden

Ich ging im Walde
so für mich hin,
und nichts zu suchen,
das war mein Sinn.

Im Schatten sah ich
ein Blümchen stehn,
wie Sterne leuchtend,
wie Äuglein schön.

Ich wollt es brechen,
da sagt' es fein:
»Soll ich zum Welken
gebrochen sein?«

Ich grub's mit allen
den Würzlein aus,
zum Garten trug ich's
am hübschen Haus.

Und pflanzt es wieder
am stillen Ort;
nun zweigt es immer
und blüht so fort.

Blumengruß

Der Strauß, den ich gepflücket,
grüße dich vieltausendmal!
Ich habe mich oft gebücket,
ach, wohl eintausendmal,
und ihn ans Herz gedrücket
wie hunderttausendmal!

Heidenröslein

Sah ein Knab ein Röslein stehn,
Röslein auf der Heiden,
war so jung und morgenschön,
lief er schnell, es nah zu sehn,
sah's mit vielen Freuden.
Röslein, Röslein, Röslein rot,
Röslein auf der Heiden.

Knabe sprach: »Ich breche dich,
Röslein auf der Heiden!«
Röslein sprach: »Ich steche dich,
daß du ewig denkst an mich,
und ich will's nicht leiden.«
Röslein, Röslein, Röslein rot,
Röslein auf der Heiden.

Und der wilde Knabe brach
's Röslein auf der Heiden;
Röslein wehrte sich und stach,
half ihm doch kein Weh und Ach,
mußt es eben leiden.
Röslein, Röslein, Röslein rot,
Röslein auf der Heiden.

Mailied

Wie herrlich leuchtet
mir die Natur!
Wie glänzt die Sonne!
Wie lacht die Flur!

Es dringen Blüten
aus jedem Zweig
und tausend Stimmen
aus dem Gesträuch.

Und Freud und Wonne
aus jeder Brust.
O Erd, o Sonne!
O Glück, o Lust!

O Lieb, o Liebe!
so golden schön
wie Morgenwolken
auf jenen Höhn!

Du segnest herrlich
das frische Feld,
im Blütendampfe
die volle Welt.

O Mädchen, Mädchen,
wie lieb ich dich!
Wie blickt dein Auge!
Wie liebst du mich!

So liebt die Lerche
Gesang und Luft,
und Morgenblumen
den Himmelsduft,

wie ich dich liebe
mit warmem Blut,
die du mir Jugend
und Freud und Mut

zu neuen Liedern
und Tänzen gibst.
Sei ewig glücklich,
wie du mich liebst!

Der Edelknabe und die Müllerin

Edelknabe
Wohin? wohin?
Schöne Müllerin!
Wie heißt du?

Müllerin
Liese.

Edelknabe
Wohin denn? Wohin
mit dem Rechen in der Hand?

Müllerin
Auf des Vaters Land,
auf des Vaters Wiese.

Edelknabe
Und gehst so allein?

Müllerin
Das Heu soll herein,
das bedeutet der Rechen;
und im Garten daran
fangen die Birnen zu reifen an,
die will ich brechen.

Edelknabe
Ist nicht eine stille Laube dabei?

Müllerin
Sogar ihrer zwei,
an beiden Ecken.

Edelknabe
Ich komme dir nach,
und am heißen Mittag
wollen wir uns drein verstecken.
Nicht wahr, im grünen, vertraulichen Haus –

Müllerin
Das gäbe Geschichten!

Edelknabe
Ruhst du in meinen Armen aus?

Müllerin
Mitnichten!
Denn wer die artige Müllerin küßt,
auf der Stelle verraten ist.
Euer schönes dunkles Kleid
tät mir leid,
so weiß zu färben.
Gleich und gleich! so allein ist's recht!
Darauf will ich leben und sterben.
Ich liebe mir den Müllerknecht;
an dem ist nichts zu verderben.

Schäfers Klagelied

Da droben auf jenem Berge,
da steh ich tausendmal
an meinem Stabe gebogen
und schaue hinab in das Tal.

Dann folg ich der weidenden Herde,
mein Hündchen bewahret mir sie.
Ich bin herunter gekommen
und weiß doch selber nicht wie.

Da stehet von schönen Blumen
die ganze Wieso so voll.
Ich breche sie, ohne zu wissen,
wem ich sie geben soll.

Und Regen, Sturm und Gewitter
verpaß ich unter dem Baum.
Die Türe dort bleibet verschlossen;
doch alles ist leider ein Traum.

Es stehet ein Regenbogen
wohl über jenem Haus!
Sie aber ist weggezogen,
und weit in das Land hinaus.

Hinaus in das Land und weiter,
vielleicht gar über die See.
Vorüber, ihr Schafe, vorüber!
Dem Schäfer ist gar so weh.

Wechsel

Hat alles seine Zeit.
Das Nahe wird weit,
das Warme wird kalt,
der Junge wird alt,
das Kalte wird warm,
der Reiche wird arm,
der Narre gescheit,
alles zu seiner Zeit.

Fünf Dinge

Fünf Dinge bringen fünfe nicht hervor,
du, dieser Lehre öffne du dein Ohr:
Der stolzen Brust wird Freundschaft nicht entsprossen;
unhöflich sind der Niedrigkeit Genossen;
ein Bösewicht gelangt zu keiner Größe;
der Neidische erbarmt sich nicht der Blöße;
der Lügner hofft vergeblich Treu und Glauben;
das halte fest, und niemand laß dir's rauben!

Fünf andere

Was verkürzt mir die Zeit?
Tätigkeit!
Was macht sie unerträglich lang?
Müßiggang!
Was bringt in Schulden?
Harren und Dulden!
Was macht gewinnen?
Nicht lange besinnen!
Was bringt zu Ehren?
Sich wehren!

Gedankensplitter

Der Irrtum ist recht gut, so lange wir jung sind; man muß ihn nur nicht mit ins Alter schleppen.

Das Tier wird durch seine Organe belehrt; der Mensch belehrt die seinigen und beherrscht sie.

Zum Ergreifen der Wahrheit braucht es ein viel höheres Organ als zur Verteidigung des Irrtums.

Man wird nie betrogen, man betrügt sich selbst.

Aufrichtig zu sein, kann ich versprechen, unparteiisch zu sein, aber nicht.

Der Undank ist immer eine Art Schwäche.
Ich habe nie gesehen, daß tüchtige Menschen wären undankbar gewesen.

Die höheren Forderungen sind an sich schon schätzbarer, auch unerfüllt, als niedrige, ganz erfüllte.

Wer hätte mit mir Geduld haben sollen, wenn ich's nicht gehabt hätte.

Nur klugtätige Menschen, die ihre Kräfte kennen und sie mit Maß und Gescheitheit benutzen, werden es im Weltwesen weit bringen.

Das höchste Glück ist das, welches unsere
Mängel verbessert und unsere Fehler ausgleicht.

Ein großer Fehler: daß man sich mehr dünkt, als man ist, und sich weniger schätzt, als man wert ist.

Man muß seine Irrtümer teuer bezahlen, wenn man sie loswerden will, und dann hat man noch von Glück zu sagen.

Das Jahrhundert ist vorgerückt; jeder Einzelne aber fängt doch von vorne an.

Mit den Jahren steigern sich die Prüfungen.

Eine gefallene Schreibfeder muß man gleich aufheben, sonst wird sie zertreten.

Alles Gescheite ist schon gedacht worden, man muß nur versuchen, es noch einmal zu denken.

Wie kann man sich selbst kennenlernen?
Durch Betrachten niemals, wohl aber durch Handeln.
Versuche deine Pflicht zu tun, und du weißt gleich, was an dir ist.

Was aber ist deine Pflicht?
Die Forderung des Tages.

Pflicht: wo man liebt, was man sich selbst befiehlt.

Es gibt keine Lage, die man nicht selbst veredeln könnte durch Leisten oder Dulden.

Dem tätigen Menschen kommt es darauf an, daß er das Rechte tue; ob das Rechte geschehe, soll ihn nicht kümmern.

Der echte Schüler lernt aus dem Bekannten das Unbekannte entwickeln und nähert sich dem Meister.

Wer vorsieht, ist Herr des Tages.

Denken ist interessanter als Wissen, aber nicht als Anschauen.

Alles ist einfacher, als man denken kann, zugleich verschränkter, als zu begreifen ist.

Es ist ein großer Unterschied, ob ich lese zu Genuß und Belebung oder zu Erkenntnis und Belehrung.

Was man erfindet, tut man mit Liebe, was man gelernt hat, mit Sicherheit.

Es ist nicht genug zu wissen, man muß auch anwenden; es ist nicht genug zu wollen, man muß auch tun.

Wer freudig tut und sich des Getanen freut, ist glücklich.

Nicht allein das Angeborene, sondern auch das Erworbene ist der Mensch.

Unsere Eigenschaften müssen wir kultivieren, nicht unsere Eigenheiten.

Was einem angehört, wird man nicht los, und wenn man es wegwürfe.

Der ist der glücklichste Mensch, der das Ende seines Lebens mit dem Anfang in Verbindung setzen kann.

(Aus »Maximen und Reflexionen«)

Meeresstille

Tiefe Stille herrscht im Wasser,
ohne Regung ruht das Meer,
und bekümmert sieht der Schiffer
glatte Fläche ringsumher.
Keine Luft von keiner Seite!
Todesstille fürchterlich!
In der ungeheuern Weite
reget keine Welle sich.

Wandrers Nachtlied

Über allen Gipfeln
ist Ruh,
in allen Wipfeln
spürest du
kaum einen Hauch;
die Vögelein schweigen im Walde.
Warte nur, balde
ruhest du auch.

Glückliche Fahrt

Die Nebel zerreißen,
der Himmel ist helle,
und Äolus löset
das ängstliche Band.
Es säuseln die Winde,
es rührt sich der Schiffer.
Geschwinde! Geschwinde!
Es teilt sich die Welle,
es naht sich die Ferne;
schon seh ich das Land!

Osterspaziergang

Vom Eise befreit sind Strom und Bäche
durch des Frühlings holden, belebenden Blick;
im Tale grünet Hoffnungsglück;
der alte Winter, in seiner Schwäche,
zog sich in rauhe Berge zurück.
Von dorther sendet er, fliehend, nur
ohnmächtige Schauer körnigen Eises
in Streifen über die grünende Flur;
aber die Sonne duldet kein Weißes,
überall regt sich Bildung und Streben,
alles will sie mit Farben beleben;
doch an Blumen fehlt's im Revier,
sie nimmt geputzte Menschen dafür.
Kehre dich um, von diesen Höhen
nach der Stadt zurückzusehen.
Aus dem hohlen, finstern Tor
dringt ein buntes Gewimmel hervor.
Jeder sonnt sich heute so gern.
Sie feiern die Auferstehung des Herrn,
denn sie sind selber auferstanden,
aus niedriger Häuser dumpfen Gemächern,
aus Handwerks- und Gewerbesbanden,
aus dem Druck von Giebeln und Dächern,
aus der Straßen quetschender Enge,
aus der Kirchen ehrwürdiger Nacht
sind sie alle ans Licht gebracht.
Sieh nur, sieh! wie behend sich die Menge
durch die Gärten und Felder zerschlägt,
wie der Fluß, in Breit' und Länge,
so manchen lustigen Nachen bewegt,

und bis zum Sinken überladen
entfernt sich dieser letzte Kahn.
Selbst von des Berges fernen Pfaden
blinken uns farbige Kleider an.
Ich höre schon des Dorfs Getümmel,
hier ist des Volkes wahrer Himmel,
zufrieden jauchzet groß und klein:
Hier bin ich Mensch, hier darf ich's sein!

(Aus »Faust. Erster Teil«)

Willkommen und Abschied

Es schlug mein Herz, geschwind zu Pferde!
Es war getan fast eh gedacht;
der Abend wiegte schon die Erde,
und an den Bergen hing die Nacht:
Schon stand im Nebelkleid die Eiche,
ein aufgetürmter Riese, da,
wo Finsternis aus dem Gesträuche
mit hundert schwarzen Augen sah.

Der Mond von einem Wolkenhügel
sah kläglich aus dem Duft hervor,
die Winde schwangen leise Flügel,
umsausten schauerlich mein Ohr;
die Nacht schuf tausend Ungeheuer;
doch frisch und fröhlich war mein Mut:
In meinen Adern welches Feuer!
In meinem Herzen welche Glut!

Dich sah ich, und die milde Freude
floß von dem süßen Blick auf mich;
ganz war mein Herz an deiner Seite
und jeder Atemzug für dich.
Ein rosenfarbnes Frühlingswetter
umgab das liebliche Gesicht,
und Zärtlichkeit für mich – ihr Götter!
ich hofft es, ich verdient es nicht!

Doch ach, schon mit der Morgensonne
verengt der Abschied mir das Herz:
In deinen Küssen welche Wonne!

In deinem Auge welcher Schmerz!
Ich ging, du standst und sahst zur Erden,
und sahst mir nach mit nassem Blick:
Und doch, welch Glück, geliebt zu werden!
Und lieben, Götter, welch ein Glück!

An den Mond

Füllest wieder Busch und Tal
still mit Nebelglanz,
lösest endlich auch einmal
meine Seele ganz;

breitest über mein Gefild
lindernd deinen Blick,
wie des Freundes Auge mild
über mein Geschick.

Jeden Nachklang fühlt mein Herz
froh' und trüber Zeit,
wandle zwischen Freud und Schmerz
in der Einsamkeit.

Fließe, fließe, lieber Fluß!
Nimmer werd ich froh,
so verrauschte Scherz und Kuß,
und die Treue so.

Ich besaß es doch einmal,
was so köstlich ist!
Daß man doch zu seiner Qual
nimmer es vergißt!

Rausche, Fluß, das Tal entlang,
ohne Rast und Ruh,
rausche, flüstre meinem Sang
Melodien zu,

wenn du in der Winternacht
wütend überschwillst
oder um die Frühlingspracht
junger Knospen quillst.

Selig, wer sich vor der Welt
ohne Haß verschließt,
einen Freund am Busen hält
und mit dem genießt,

was, von Menschen nicht gewußt
oder nicht bedacht,
durch das Labyrinth der Brust
wandelt in der Nacht.

Spruch und Widerspruch

»Mancherlei hast du versäumet:
Statt zu handeln, hast geträumet,
statt zu danken, hast geschwiegen,
solltest wandern, bliebest liegen.«

Nein, ich habe nichts versäumet!
Wißt ihr denn, was ich geträumet?
Nun will ich zum Danke fliegen,
nur mein Bündel bleibe liegen.

Holzhauerlied

Nur Platz! nur Blöße!
Wir brauchen Räume,
wir fällen Bäume,
die krachen, schlagen;
und wenn wir tragen,
da gibt es Stöße.
Zu unserm Lobe
bringt dies ins reine;
denn wirkten Grobe
nicht auch im Lande,
wie kämen Feine
für sich zustande,
sosehr sie witzten?
Des seid belehret!
Denn ihr erfröret,
wenn wir nicht schwitzten.

(Aus »Faust. Zweiter Teil«)

Johanna Sebus

Zum Andenken der siebzehnjährigen Schönen, Guten aus dem Dorfe Brienen, die am 13. Januar 1809 bei dem Eisgange des Rheins und dem großen Bruche des Dammes von Cleverham Hilfe reichend unterging.

Der Damm zerreißt, das Feld erbraust,
die Fluten spülen, die Fläche saust.
»Ich trage dich, Mutter, durch die Flut,
noch reicht sie nicht hoch, ich wate gut.«
»Auch uns bedenke, bedrängt wie wir sind,
die Hausgenossin, drei arme Kind'!
Die schwache Frau! . . . Du gehst davon!«
Sie trägt die Mutter durchs Wasser schon.
»Zum Bühle da rettet euch! harret derweil;
gleich kehr ich zurück, uns allen ist Heil.
Zum Bühl ist's noch trocken und wenige Schritt';
doch nehmt auch mir meine Ziege mit!«

Der Damm zerschmilzt, das Feld erbraust,
die Fluten wühlen, die Fläche saust.
Sie setzt die Mutter auf sichres Land,
Schön Suschen, gleich wieder zur Flut gewandt.
»Wohin? Wohin? Die Breite schwoll,
des Wassers ist hüben und drüben voll.
Verwegen ins Tiefe willst du hinein!«
»Sie sollen und müssen gerettet sein!«

Der Damm verschwindet, die Welle braust,
eine Meereswoge, sie schwankt und saust.
Schön Suschen schreitet gewohnten Steg,
umströmt auch gleitet sie nicht vom Weg,
erreicht den Bühl und die Nachbarin –
doch der und den Kindern kein Gewinn!

Der Damm verschwand, ein Meer erbraust's,
den kleinen Hügel im Kreis umsaust's.
Da gähnet und wirbelt der schäumende Schlund
und ziehet die Frau mit den Kindern zu Grund;
das Horn der Ziege faßt das ein',
so sollten sie alle verloren sein!
Schön Suschen steht noch strack und gut:
Wer rettet das junge, das edelste Blut!
Schön Suschen steht noch wie ein Stern;
doch alle Werber sind alle fern.
Rings um sie her ist Wasserbahn,
kein Schifflein schwimmet zu ihr heran.
Noch einmal blickt sie zum Himmel hinauf,
da nehmen die schmeichelnden Fluten sie auf.

Kein Damm, kein Feld! Nur hier und dort
bezeichnet ein Baum, ein Turm den Ort.
Bedeckt ist alles mit Wasserschwall;
doch Suschens Bild schwebt überall. –
Das Wasser sinkt, das Land erscheint,
und überall wird Schön Suschen beweint. –
Und dem sei, wer's nicht singt und sagt,
im Leben und Tod nicht nachgefragt!

Prometheus

Bedecke deinen Himmel, Zeus,
mit Wolkendunst,
und übe, dem Knaben gleich,
der Disteln köpft,
an Eichen dich und Bergeshöhn;
mußt mir meine Erde
doch lassen stehn
und meine Hütte, die du nicht gebaut,
und meinen Herd,
um dessen Glut
du mich beneidest.

Ich kenne nichts Ärmeres
unter der Sonn als euch, Götter!
Ihr nähret kümmerlich
von Opfersteuern
und Gebetshauch
eure Majestät
und darbtet, wären
nicht Kinder und Bettler
hoffnungsvolle Toren.

Da ich ein Kind war,
nicht wußte, wo aus noch ein,
kehrt ich mein verirrtes Auge
zur Sonne, als wenn drüber wär
ein Ohr, zu hören meine Klage,
ein Herz wie meins,
sich des Bedrängten zu erbarmen.

Wer half mir
wider der Titanen Übermut?
Wer rettete vom Tode mich,
von Sklaverei?
Hast du nicht alles selbst vollendet,
heilig glühend Herz?
Und glühtest jung und gut,
betrogen, Rettungsdank
dem Schlafenden da droben?

Ich dich ehren? Wofür?
Hast du die Schmerzen gelindert
je des Beladenen?
Hast du die Tränen gestillet
je des Geängsteten?
Hat nicht mich zum Manne geschmiedet
die allmächtige Zeit
und das ewige Schicksal,
meine Herrn und deine?

Wähntest du etwa,
ich sollte das Leben hassen,
in Wüsten fliehen,
weil nicht alle
Blütenträume reiften?

Hier sitz ich, forme Menschen
nach meinem Bilde,
ein Geschlecht, das mir gleich sei,
zu leiden, zu weinen,
zu genießen und zu freuen sich,
und dein nicht zu achten,
wie ich!

Fürs Leben

Geh! gehorche meinen Winken,
nutze deine jungen Tage,
lerne zeitig klüger sein:
Auf des Glückes großer Waage
steht die Zunge selten ein;
du mußt steigen oder sinken,
du mußt herrschen und gewinnen
oder dienen und verlieren,
leiden oder triumphieren,
Amboß oder Hammer sein.

Frisch gewagt

Bleibe nicht am Boden haften,
frisch gewagt und frisch hinaus!
Kopf und Arm mit heitern Kräften,
überall sind sie zu Haus;
wo wir uns der Sonne freuen,
sind wir jede Sorge los:
Daß wir uns in ihr zerstreuen,
darum ist die Welt so groß.

Worterklärungen

abbrinnen abbrennen
Achat ein Halbedelstein
Achill siehe Amazonen
Aktuarius Gerichtsangestellter
Alliierte Verbündete
Amadis Held eines spanischen Ritterromans, der zum Vorbild für eine Anzahl europäischer Ritter- und Abenteuerromane wurde
Amazonen kriegerische Jungfrauen der antiken Sage; ihre Königin war Penthesilea, die vor Troja gegen den jungen griechischen Helden Achill kämpfte und dabei das Leben verlor.
Äolus in der antiken Sage der Windgott
appellieren hier: vor Gericht Berufung einlegen
Aspekt die Stellung der Gestirne zueinander, aus der die Sterndeuter (Astrologen) den Verlauf des menschlichen Lebens erkennen zu können glauben
Astrologe siehe Aspekt
Baldachin Thronhimmel
Balletten Einfassungen der Knopflöcher
Berkan Wollstoff
blöde hier: zaghaft, schüchtern
Büfett Anrichte, mit Speisen besetzter Tisch
Comptoir (franz.) Kontor, Geschäftszimmer
Courage Mut
Elysium in der antiken Sage die Wohnung der Seligen; Wonnegefilde
emailliert hier bildlich gemeint: mit Sonnenglanz überzogen
englisch bei Goethe auch zuweilen »engelhaft«

Estrade Erhöhung, erhöhter Sitz im Zimmer
Exekution Hinrichtung
Exempel Beispiel
Faktor veraltete Bezeichnung für Geschäftsführer
Flor Blüte
gratis umsonst, unentgeltlich
Hausoffiziant Hausbeamter, -angestellter niederen Ranges
Inspiration Eingebung
Karriere hier: schnellste Gangart eines Pferdes
Katechisation Unterweisung durch Unterricht
Kragstein aus der Mauer hervorstehender, tragender Stein
Mariä Geburt Tagesname im katholischen Kalender: der 8. September
Melusine Meerjungfrau der französischen Sage
Merkur der Götterbote der antiken Sage
Metallstufen Stufen: geologische Bezeichnung für deutlich geschichtete Gesteins- oder Erzstücke
Michael Tagesname im katholischen Kalender: der 29. September
Narziß ein überaus schöner Jüngling der griechischen Sage, der sich in sein Spiegelbild verliebte
Nymphe Naturgottheit (Halbgöttin) der antiken Sage
obligeant (franz.) gefällig, zuvorkommend
Ornat feierliche Amtskleidung
Paris schöner Jüngling der griechischen Sage, der von drei Göttinnen derjenigen einen Apfel reichen sollte, die er für die schönste hielt (Die Betonung liegt auf der ersten Silbe.)
Partisanen auch Hellebarden oder Piken genannt, Spieße mit seitlichen Haken
präludieren vorspielen
Prinz Pipi, Prinzessin Fisch Gestalten aus französischen Feenmärchen

Prokurator Anwalt

Prometheus hier in Abänderung der überlieferten Sage: der Sohn des obersten Gottes Zeus, der sich im vollen Bewußtsein seiner eigenen Kraft gegen die Bevormundung durch Zeus, der in der Goethezeit oft mit den fürstlichen Alleinherrschern verglichen wurde, auflehnt und auf seiner Freiheit besteht; Prometheus schuf der Sage nach den Menschen und lehrte ihn das Feuer gebrauchen.

Publizität Öffentlichkeit

Räder-Albus altes Geldstück

Reichsinsignien die Zeichen der kaiserlichen Reichsmacht: Reichsapfel, Zepter und Krone

Ressorts hier: Schnappschlösser

Rigorist strenger Urteiler

Roentgen David Roentgen (1743–1807), ein berühmter Mechaniker und Kunsttischler

Satisfikation Genugtuung

Schultheiß früher soviel wie Bürgermeister, der in Frankfurt zugleich Vorsitzender des höchsten Gerichts war

Sozietät Gesellschaft

Spatel Spachtel

stutzig hier: widerspenstig

Sylphiden weibliche Luftgeister der antiken Sage

Titanen das älteste Göttergeschlecht der griechischen Sage; die Titanen lehnten sich gegen Zeus auf und wurden von ihm vernichtet.

Tritonen in der griechischen Sage Meergötter mit Fischschwänzen

Virtuos Künstler

welsch französisch

Zeil Straße in Frankfurt am Main

Zentaurinnen Die Zentauren der antiken Sage waren Wesen mit einem Pferdekörper und Menschenkopf;

hier im übertragenen Sinn: Pferd und Reiter bilden eine unzertrennliche Einheit.

Zwinger freier Raum zwischen äußerer und innerer Stadtmauer

Inhalt

** Diese Überschriften stammen nicht von Goethe*

ISBN 3-358-00455-4

2. Auflage 1988
© DER KINDERBUCHVERLAG BERLIN – DDR 1986
Lizenz-Nr. 304-270/356/88
Gesamtherstellung: Karl-Marx-Werk Pößneck V15/30
LSV 7609
Für Leser von 12 Jahren an
Bestell-Nr. 632 492 4
00620